重新定义

理财顾问

刘千霄　李　韵　王晓春◎著

THE FUTURE OF

FINANCIAL ADVISOR

中信出版集团 · 北京

图书在版编目（CIP）数据

重新定义理财顾问 / 刘干霄，李韵，王晓春著 . --
北京：中信出版社，2018.1（2025.7 重印）
ISBN 978-7-5086-8526-7

Ⅰ . ①重… Ⅱ . ①刘… ②李… ③王… Ⅲ . ①私人投资 – 银行业务 – 中国 Ⅳ . ① F832.2

中国版本图书馆 CIP 数据核字（2018）第 003046 号

重新定义理财顾问

著　　者：刘干霄　李　韵　王晓春
出版发行：中信出版集团股份有限公司
（北京市朝阳区东三环北路 27 号嘉铭中心　邮编　100020）
承 印 者：北京盛通印刷股份有限公司

开　　本：787mm×1092mm　1/16　　印　　张：15.75　　字　　数：185 千字
版　　次：2018 年 1 月第 1 版　　印　　次：2025 年 7 月第 6 次印刷
书　　号：ISBN 978–7–5086–8526–7
定　　价：58.00 元

序言

中国近40年的经济高速增长，成绩举世瞩目。国家经济实力大幅提高的同时，私人也创造和积累了殷实的家庭财富。当前，我国的宏观环境进入全新周期。在经济转型、产业调整、金融制度改革加快的大背景下，无论是专业理财机构还是个人投资者，如何有效保护、管理并经营好家庭财富，正成为我国金融领域的新机遇、新挑战的重要内容。

新中国成立以来，我们的金融生态经历了“财政金融”“货币金融”与“资本金融”的三期迭代。2005年，我提出“资本金融学”的概念。资本金融是现代金融的核心和高级形态，也是中国崛起为金融强国的支柱。财富管理市场正是资本金融的新生分支，它为我国资本金融和资本市场的创新发展注入了新活力。

2005年中国人开始接受理财启蒙，此后金融管制逐步放开，利率市场化和多层次资本市场的改革使投资理财市场进入新阶段，相应资产管理机构与产品服务体系得到快速发展。财富市场的扩容与金融市场的繁荣，使财富管理成为金融服务业的强劲增长点。然而，放眼蓬勃兴旺的财富管理行业，发展模式依然略显粗放，亟待总结与规范。

一个行业的发展依赖于行业的组成单元，以及这些单元之间相互关系的进化。今天，中国财富管理业本身不仅要从过去的粗放发展向专业经营迈进，还要接受科技进步带来的深刻影响。移动互联网的发展正在深度重构各行各业，无论是传统的制造业还是金融业，价值链都被重构，企业组织形式正在发生日新月异的变革，一些行业平台服务机构及自组织不断出现，极大丰富了金融和财富管理行业的新形态。

智能科技的应用更是加速了行业的分化，基础的重复性劳动日渐被人工智能所取代，从业者想要持续保持竞争力，则要不断提高专业技能，优化方法论，持续朝向智力金字塔的顶端移动。各行业的从业者都需要更精准的职业定位，重新审视事业发展路径。

财富管理属于现代金融服务业，是智力密集型行业，从业人员的职业素养很大程度上决定了行业的发展潜力。当下国内财富管理业的发展特点是自下而上逆袭生长，而分业经营的监管制度使从业人员分布在单一业态的金融机构与组织中，包括银行、保险、信托、证券等，整体而言，其知识储备与综合能力等都亟须提升。

坦率而言，目前国内理财启蒙的书并不少见，但结合新金融环境为中国富裕家庭提供资产配置与财富管理的精品书籍却不多。刘干霄所著的《重新定义理财顾问》一书，把世界前沿的财富管理方法论与国内财富管理实践相融合，展现了开阔的国际视野，为财富管理从业者及理财爱好者提供了切实可行的方法与技术。更难能可贵的是，该书结合了作者多年从事的财富管理实践，创新性地重新审视了理财顾问这一职业，创新发展了一条新金融时代理财顾问的跃迁新路。尤为称道的是，该书第三章、第四章对中产及高净值家庭理财有着十分切实的现实指导意义。

理财专业知识和顾问人才，是推动我国财富管理行业健康发展的基础力量，相信《重新定义理财顾问》一书的问世，将给国内财富管理机构的管理者、从业者和行业研究者及家庭和私人金融投资者以有益的启发。

刘红鹏

中国政法大学商学院、资本金融研究院院长

2017 年 12 月 20 日

前言

改观财富管理　成功有迹可循

思想家罗曼·罗兰（Romain Rolland）说过：“财富令人起敬，它是社会秩序最坚固的支柱之一。”

财富是了不起的，它意味着力量，意味着自由。然而，财富掌握在意志薄弱、缺乏自制与理性的人手中，就会成为一种诱惑和一个陷阱。法国作曲家乔治·比才（Georges Bizet）曾说：“财富并不是生命的目的，它只是生活的工具。”所以，财富管理便成了每个人都应学习的技艺，不仅要学习如何去获取财富，还要学会与财富相处，在一生中将财富做妥善分配，帮助自己、家庭与社会变得更美好，以至于财富管理成了人们的人生最后一份职业。

然而，熟知，未必真知。

移动互联时代，人们畅享着信息的盛宴，也看到各种似是而非、漏洞百出的概念与方法备受追捧，甚至被奉为经典。很多富裕人士在自己的领域里无所不知，却在进行财富管理时表现得一无所知，眼睁睁看着自己一生的积蓄在金融危机或欺诈中荡然无存。也有很多富裕人士虽然在财富的获取与保护上表现出色，然而在财富的分配与传承上费尽心思却遗祸无穷，导致亲人纷争对簿公堂。甚至大量从业多年的金融顾问，都在用着以讹传讹的理论，将客户有限的财务资源错配在各类金融产品与服务中，直到多年以后才发现徒劳无功但悔之已晚。

我们认为，是时候改变这种局面了。

近十年来，理财工具得到了极大的发展，参与的机构主体大幅增加，富裕家庭快速增长，市场也得到培育与风险教育。随着社会与经济迈入新周期，新金融时代到来，财富管理也呈现出新的特征，中国财富管理市场专业化发展拐点出现。

然而，行业整体仍处在以金融产品销售为导向的初级阶段，挑战丛生。宏观环境的快速变迁，导致投资格局发生重大变化。随着金融监管政策的放开，金融创新加快，产品的复杂性也在提高。客户的需求更加多元复杂，越来越成熟的他们对理财服务要求苛刻，对为他们服务的理财顾问/机构及其提供的产品与服务精挑细选。

科技是另一把双刃剑。互联网信息技术的发展，使得不论是产品还是我们与客户接触和互动的成本都大幅下降，信息传递和分销渠道也都发生了重大变革。但互联网金融与智能投顾等模式的出现，开始逐步淘汰基础产品销售型的客户经理。同时，知识经济、共享经济与金融科技也为市场带来了更多竞争者。

一切都在形成一种暗涌，伺机待发。

虽然受地缘文化、人口结构、财富水平、监管环境等诸多因素影响，财富管理在每一个国家（地区）以及不同企业中都表现出巨大的差异性，但客户、顾问和机构的行为还是被一些共同的规律所引导着，这便形成了非常宝贵的“最佳实践”（best practice）。

今天，这些基于对财富管理业务与顾问专业成长的范式洞察，时刻都在发挥着巨大的作用，运用得当的理财顾问可以将它们转化为实实在在的商业成就。而在这些方面，国内的金融顾问（客户经理或理财顾问）普遍还很薄弱。

那么，究竟谁是理财顾问？

从广义上说，证券经纪人、保险代理人、银行客户经理、财富中心的理财经理、P2P 销售人员、独立理财顾问、民间银行家等，都具有理财顾问的一些特征——为客户进行理财服务。但从严格意义上看，理财顾问与他们之间是存在差异的。真正意义上的理财顾问在财务管理的基础上还有一层工作内容——生活管理，其财富管理服务包含财富保护、财富积累与财富分配三大维度，具体表现为风险管理、资产管理与事务管理。

正是因为如此，理财顾问的职业在安全度、持续度、收入回报、受社会尊重程度上都与其他“类”理财顾问职业有所不同。这也是我们总能在全球看到许多耄耋之年的理财顾问的原因，他们拥有终生的职业生涯。

作为一位从业十余年的前线理财顾问与企业管理者，我经历过从产品销售到专业顾问，从团队管理到企业经营的成长，也见证了形形色色的入行者与成功者。我感激多年来商业经营意识带来的一些事业成就，也深感理财顾问对于职业的商业化经营思考的缺失。

理财顾问天然具有市场与专业两重属性。它既是一个市场型的工作，需要持续的目标市场客户开拓，更是一种专业型的职业，需要在纷繁复杂的市场中挑选出有竞争力的产品和服务，整理组合成客户需要的解决方案，帮助客户去解决靠自身资源、技术、精力无法有效处理的财务问题。

早在 2003 年，在一家综合金融集团的内部，我和团队成员就已经开始实践理财规划与综合金融服务了。在那些年里，我们在理财顾问这份工作上沉淀了实务性的理财技术、流程化的团队运营制度，也获得了很好的职业收入。从团队转型来看，我们是成功的，不用依托集团品牌，我们依然可以很好地开展业务。

带着对行业的敏感与前瞻洞察，当下的财富管理新趋势使我们产生了强烈的历史使命感。

有的理财顾问希望能够用更多元的产品与服务，以及专业的技能来满足客户丰富且个性化的财富管理需求，由此获得更多的业务机会，实现绩效与收入上的改善。

有的理财顾问希望释放更大的商业潜能，让工作本身变得更有序且规范，树立专业可信赖的品牌形象，有高效的业务流程及中后台运营体系支持，打造精品财富管理办公室。他们的诉求并不是多卖几个产品，而是获得更大的事业空间及长久的职业发展。

有的理财顾问希望突破“小而美”的业务状态，在广阔的市场上实现自己及团队的“私人银行家”事业愿景，并定义与引领财富管理行业，在获得丰厚的商业回报的同时，成就自我的社会价值。

虽然职业转型动机各有差异，但它们的实现都与理财顾问的事业逻辑密切相关。比如，前瞻性的事业路径设计、商业化的客户经营意识、差异化的产品与服务体系、系统化的职业认证培训、实务性的理财技能训练、整合性的服务协作与落地、个性化的个人品牌搭建、流程化的作业与运营支持，平台性的协同事业支持模式与制度。

理财顾问行业不是资本驱动型的，而是人才驱动型的。我们希望用多年的探索经验，来规模化理财顾问的个体及团队转型，成就理财顾问的专业价值。这本书便是我们思考与探索的结晶。

面对行业发展新契机，我们能否洞察时代变迁，创新思考职业路径并提前准备，进而在财富管理的蓝海上取得卓效成绩？相比财富管理知识与技术，我想，理财顾问当前更加急需的是对行业、对业务、对职业赋予新思考。

本书的根本用意在于告诉理财顾问——成功，从来都有迹可循。

读这本书，你将会明白：我们孜孜以求的到底是什么事业？谁才是我们应该争取的目标客户？他们具有什么样的理财特征与决策模式？我们究竟能对客户有什么样的价值？我们该如何构建富有竞争力的产品和服务？用什么逻辑来为客户进行风险管理与资产配置？怎样设计一套卓有成效的业务流程？如何理解与适应行业新的场景革命？我们最终将收获什么样的职业成就？从而建立一套无坚不摧的愿景、使命与价值观。

基于全球视野与中国经验，这本书将使理财顾问迅速了解财富管理行业的前世今生与发展脉络，体认财富管理的科学与艺术所在，明确理财顾问的专业价值与能力要求等。只有拥有广阔的行业视野，站在行业的高度与可能性的未来看待今天，我们才能实现认知迭代。

在这本书里，我们希望通过自身微薄的努力，能够帮助理财顾问与机构管理者了解这些宝贵的知识财富与行业智慧，成为拥有理性工作哲学、清晰职业定位、完善知识结构、精湛业务技能、卓效作业流程的专业顾问，不仅获得更多的业务机会，取得更大的职业成就，还能实现无限的事业可能。

值得一提的是，这不仅仅是写给理财顾问的一本书，它还为理财爱好者、高净值人士提供了必要的决策参考。

对于高净值客户而言，第四章的资产配置 CMS 模型很可能是你看到的最富实操性的方法论，毕竟它曾经指导数以万计的客户实现了财富的稳健增长，并帮助这些财富的拥有者过上了更有品质的生活。当然，你也可以在浏览其他章节里发现一位好顾问的画像是怎样的，以及你们之间应该如何更好地互动。在新金融时代里，拥有一位可信赖的专业顾问，价值显而易见。

对于任何有志于从事财富管理行业的人而言，财富管理与资产管理、投资银行等领域有着显著的不同，不论我们的专业背景与家世出身如何，只要我们有足够的真诚与勇气，付出必要的努力与坚持，都有机会一试身手，这也许是蓬勃发展的金融业里最具包容性与机会的职业方向。

我们相信，理财顾问事业已经迎来无限精彩的扩张期，敏锐的顾问将迅速在竞争性市场实现卓越。

刘千霄

2018 年 1 月于北京国际大厦

目 录

第一章

财富管理新格局

财富持续增长，金融创新加快，监管不断升级，客户日渐成熟。

财富管理新格局下，理财顾问如何在竞争性环境中取得卓越？

这需要对行业有深刻的理解，以及前瞻的洞察。

财富管理（wealth management）作为一门古老的产业，有着丰富的内涵与外延。

财富管理职业，每天应对变化的环境，以及个性的人群，不断探究着财富与人生的关系，复杂而又迷人。

对，这是一个极具魅力的行业。它充满竞争与挑战，也不断成就着那些富有才华与野心的从业者，实现他们在其他领域倾其一生都难以企及的商业理想。

不管是客户经理，还是理财规划师，抑或金融管家等，我们更愿意称这些新金融时代的从业者为理财顾问（financial advisor）。所谓理财顾问，是凭借自身在财富管理领域的专业优势，为客户提供独立、客观、有价值的意见的金融从业者。这一称号更符合知识经济时代的气质。

用正确的方式赚钱是一种艺术。理财顾问若想成功经营自己，决策的起点就在于对环境有深刻而全面的认知。今天，能否在竞争性的市场中胜出，很大程度上取决于我们是否能洞见行业变迁，了解这一行业的核心要素与驱动力。

这一切，是我们出发前必修的功课。

重识财富管理

据招商银行与贝恩公司发布的《2017 中国私人财富报告》，中国个人持有的可投资资产总体规模在 2016 年年底已达 165 万亿元人民币，中国高净值人群数量达到 158 万人，2014—2016 年的年均复合增长率分别为 21% 和 23%。无论是财富规模还是财富群体，都在以两位数的速度快速成长。

行业蓬勃发展，但火爆不代表成熟。今天，我们看到市场上无论是私人银行、第三方理财，还是保险公司、P2P 公司等机构的业务人员都被冠以理财规划师或财富管理师的称号。

熟知，未必真知。在财富管理机构与顾问的认知当中，对于财富管理的理解普遍存在似是而非的解读。因此，我们有必要用一定的篇幅首先探究一下财富管理的前世今生。

财富管理的前世今生

财富管理业的发展源远流长，最早可以追溯到古希腊的管家制度。17 世纪，私人银行家由瑞士日内瓦兴起，到 19 世纪出现了现代金融业的雏形。第二次世界大战后，随着全球经济复苏，金融服务业的发展进入繁盛期。20 世纪 90 年代后期，“财富管理”开始正式成为一个行业用语，私人银行和财富管理逐渐成为主流业务，并在欧美盛行。2008 年爆发的全球金融危机，让金融机构与客户都对风险有了重新的认识，自此财富管理的发展也相应进入了全新阶段。

财富管理业的发展简史如图 1 –1 所示。

图 1 –1 财富管理业的发展简史

近 30 年来，受制于各地区经济增长率、产业结构、监管环境、人口结构、理财习惯、金融成熟度等因素影响，全球的财富管理呈现出显著的地域差异。当前，主要财富管理市场的业务具有不同的侧重点，具体如表 1 –1 所示。

“分不清”的理财与财富管理

财富管理对金融机构来说，是一种新的商业运营模式；对客户而言，是一种综合的金融服务。在全球范围内，财富管理并没有统一的定义。我们选择了几种有代表性的观点，如下：

瑞士宝盛银行（Julius Baer）CEO（首席执行官）高力达（Boris Collardi）认为，私人银行的核心业务目标是，始终确保客户财富不是在几个季度内而是在几代人时间内都能够实现持续稳定的增值，不受损害。同时，要以一种可持续的方式向客户提供高标准的服务，满足和努力超越客户预期。虽然从传统意义上讲，私人银行被看作财富管理的一种服务类型，而今天，私人银行往往被作为一个可以与财富管理交互使用的术语。[①]

① 资料来源：科勒迪．私人银行：如何于竞争性市场上实现卓越［M］．张春子，译．北京：中信出版社，2015：14-15.

表 1-1　主要财富管理市场特征对比

<table>
<tr><th>地区</th><th>经营模式</th><th>市场需求特征</th><th colspan="2">财富管理行业特征</th></tr>
<tr><td>欧洲</td><td>以全能型银行和传统私人银行占主导，偏重以收费为基础的商业模式</td><td>财富来源以继承为主，财富多是两三代以前创造的，财富多与土地和房地产联系在一起，流动性差。财富管理的重心在于跨代财富传承
财富增长缓慢，有着保密的金融文化和法律环境，客户往往是保守的投资者，注重财富保值、保护与传承</td><td rowspan="2">产品丰富、机构类型多样，市场层次较分明，成熟的养老金制度，监管适度有效，注重投资者保护</td><td>行业注重对成熟投资工具和技术手段的应用。行业的市场份额集中</td></tr>
<tr><td>美国</td><td>以投资银行业务、经纪业务和货币业务为主，强项在于投资和交易佣金为基础的商业模式</td><td>资本市场发达，投资者超过 50% 的资产都投放在股票市场，重心在于交易推动的经纪业务
财富来源以自主创造为主，有钱人中企业家占比高。财富管理重点是税务筹划，注重财富增值，有大量的财富在岸持有</td><td>文化追求创新，科技发达，税率高，行业的创新意识强。行业的分散度更高</td></tr>
<tr><td>亚洲</td><td>以现金和不动产为主导，偏重代销佣金为基础的商业模式</td><td>新兴市场高成长性，创造了大量新财富，财富管理重点围绕增值。各国储蓄率普遍较高，是全球重要的财富管理潜力市场</td><td colspan="2">财富管理行业落后于欧美，缺少国际知名的财富管理品牌。直接融资比重偏低</td></tr>
</table>

续表

地区	经营模式	市场需求特征	财富管理行业特征
亚洲	以现金和不动产为主导，偏重代销佣金为基础的商业模式	新加坡： 以私人银行及信托业务为主，是亚洲最大外汇交易中心，仅次于瑞士的离岸财富管理中心。税制简单，投资换居留权的门槛较瑞士低，亚洲“流动富豪”的海外定居地。是高净值人群密度最高的国家	新加坡： 行业的发展更多为政府主导，诸多政策吸引了国际资金、金融机构及专业人才前来。法制健全，监管严格，违法成本高。注重财富管理人才培养
		中国： 银行储蓄为主，资产证券化程度低。房产价格增长带来“账面财富”暴涨。“街坊型富人”与“挣扎型富人”* 占比较高。第一代富人居多，且普遍进入传承期。跨境投资与离岸金融业务规模小。追求超额回报，但市场理性回归	中国： 总体处于发展初级阶段，产品服务同质化，投资标的有限，高素质人才队伍规模较小。但这是财富管理发展和转型升级的必要阶段

* 关于“街坊型富人”和“挣扎型富人”的阐述，详见本书第二章。

高盛私人财富管理部对自身业务的定位是，协助客户创造及保护金融财富，服务对象包括高净值个人、家族及基金会。①

美林私人客户集团总裁罗伯特·麦肯（Robert J. McCann）给“财富管理”下了一个简洁的定义：（财富管理）通过顾问和高度个性化的方式涉足客户金融事务的每个方面。它可以使用所有的产品、服务及策略。②

结合中国的实践，我们认为财富管理是指为富裕人士及家庭提供完整生命周期的综合金融服务，包括一系列的金融产品和事务管理服务，以便更好地实现其财产的有效积累、保护与分配。

透过这一描述，我们可以看到，财富管理主要包括两个范畴：（1）财务管理，主要指资产管理和风险管理，即利用各种金融工具为客户进行大类资产配置，以及相关的现金流规划与税务管理等；（2）生活管理，即围绕客户在人生不同阶段所具有的各种生活目标进行，诸如教育、置业、退休安排等。如图1－2所示。

财富管理	=	**财务管理**	+	**生活管理**
		资产管理		医疗服务
		风险管理		子女教育
		现金管理		退休安排
		税务管理		身份规划
		不动产管理		慈善公益
		……		……

图1－2　财富管理的范畴

① 资料来源：庄毓敏．中国财富管理报告2015［M］．北京：中国人民大学出版社，2016：2.

② 资料来源：MAUDE. *Globe private banking and wealth management: the new realities.* London: John Wiley & Sons, Ltd., 2006.

财富管理从英文 financial planning 延伸而来。Financial planning 在新加坡和我国香港地区多译为“财务策划”，简称“财策”；我国台湾及大陆地区多译为“理财规划”，简称“理财”。

广义的理财规划，包括与客户财务有关的各种金融服务，其可以划分为私人财富管理和公司理财。而我们平时所说的理财，多指私人财富管理。

理财与财富管理有何区别？曹彤、张秋林（2012）[①] 指出，个人理财、财富管理、私人银行是逐级递进的关系。财富管理主要针对较高端富裕人士，私人银行是最高端的财富管理业务。广义上财富管理有个人理财的基础内涵。实际中，个人理财是针对普通公众的理财规划行为。财富管理倾向于主动性、持续性管理，特指较高端富裕人士的资产管理、法律服务、税务筹划、投资规划。

这里，我们将财富管理的概念进一步从广义和狭义上进行区分。

广义的财富管理，主要服务于中产及以上包括私人银行业务对象在内的高净值客户，以及少数家族办公室业务的对象（超高净值客户）；而狭义的财富管理，特指面向中产和富裕阶层的理财业务。

一些媒体与机构在谈及财富管理时，往往指向了私人银行业务。实际上，从理财顾问层面来看，私人银行业务也只是广义上财富管理模块中的一个部分。

那么所谓的理财到底理什么？我们认为至少要理如下 4 项，且逐项更重要：（1）金融资产、不动产、未上市股权、另类资产等货币化资产；（2）身体的健康与平安；（3）和谐的家庭与社会关系；（4）拥有自己期望的生活方式。理财的终极目标，是幸福的人生。

---

① 资料来源：曹彤，张秋林. 中国私人银行［M］. 北京：中信出版社，2012.

专栏1-1

中国传统"五福"与理财

五福：一曰寿，二曰富，三曰康宁，四曰攸好德，五曰考终命。——《尚书》

"五福"是中华文化对于幸福的定义，追求物质、感情、身体和精神各项财富间的平衡，这些亦是家庭理财的目标与内涵。

寿：安享未来［退休规划］

含饴弄孙，听戏看戏，夕阳下遛弯儿。退休是自在生活的开启，应被享受所充实。

富：富贵荣华［投资规划］

衣食无忧，品质生活，远行观世界。富足，方可自由、自主、自在。

康：平安健康［保障规划］

马上相逢无纸笔，凭君传语报平安。平安健康，细水长流，乃人生真谛。

德：和谐通融［资产配置］

万物讲究和谐，海纳百川方可修得和睦共筑。人性渴望温暖，好德会带来幸福与好运。

亘：福泽绵长［教育与传承规划］

亘，空间和时间上的不断延续，绵延。让文化、家风和财富连绵不断，代代相传。

世界著名私人财富管理机构瑞银集团（UBS）的相关服务内容，为我们展示出财富管理的全貌，如表 1－2 所示。

表 1－2　瑞银集团的财富管理服务内容

资产管理	管理账户	保险	保护规划
	替代投资		寿险信托基金
	独立、私人资产组合管理	信贷和流动性	个性化借贷
投资管理	结构股权		竞争性信贷方案
	固定收益研究与交易		抵押贷款
	股权交易与衍生品	税务管理	税款最小化策略
遗产传承战略	财富转移战略		亏损利用
	资产与遗产节税		公益捐赠策略
公司执行服务	单一股票风险管理战略		遗产继承策略
	受限股票交易	慈善规划	公益信托
	股权金融及规划		家庭基金

资料来源：连建辉，孙焕民．走近私人银行［M］．北京：社会科学文献出版社，2007.

财富管理市场变迁

经济发展推动财富管理业大步向前，然而宏观环境的快速变迁正在重构财富管理格局。这在给财富管理业带来机遇的同时，也带来巨大的挑战。

随着中国经济开放的程度不断加深，中国的财富管理业正在逐渐向全球行业标准靠拢。今天，理财顾问要正视并努力对所有这些重构行业的驱动因素与发展趋势做出有效应对，抓住伴随挑战而生的各种机遇。如果对这样的事实视而不见，那么你将面临前所未有的事业风险。

一场响亮又安静的“革命”

2016年始，国内财富管理行业拐点出现，市场迎来扩张性机遇。这一观点的依据一则自然是财富激增对于市场容量的扩充，包括对专业财富管理需求的增加；二则是客户意识的变化、金融创新（financial innovation）的发展和财富的迁徙等，也从多个维度为财富管理业发展营造了众多新契机。详见图1－3。

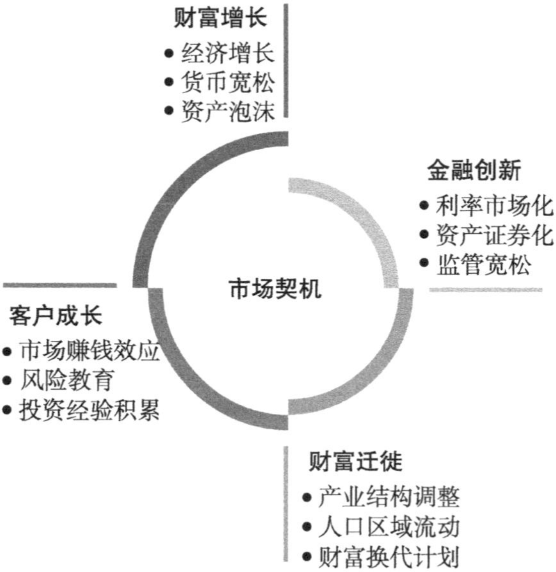

图1－3 国内财富管理市场发展契机

财富增长：市场容量巨大，动力十足

环顾国内财富管理市场，受经济增长、科技进步、货币宽松、国际财富管理重心迁移等因素影响，增长动力强劲。

经济快速增长带来了居民收入与可投资资产规模的迅速增加。

人们越来越关注自己的收入管理和分配。对“财产性收入”的重视为个人理财市场发展提供了坚实的基础。

国家统计数据显示，2000—2016 年，我国国内生产总值（GDP）从 10.03 万亿元增长到 74.41 万亿元，保持了较高的增速。同期，我国国民总收入也从 9.91 万亿元增长至 74.24 万亿元。详见图 1－4。①

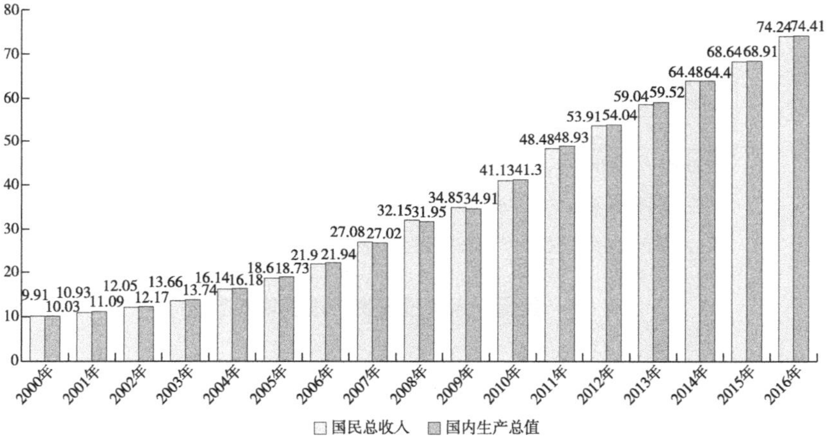

图 1－4　我国国内生产总值与国民总收入增长情况（单位：万亿元）

而我国个人持有的可投资资产规模则从 2006 年的 26 万亿元，增长到 2016 年的 165 万亿元，见图 1－5。②

与此同时，数据显示，财富有加速向顶端聚集的效应。根据招商银行和贝恩公司发布的数据，2016 年，可投资资产 1 000 万元人民币以上的中国高净值人士数量达到 158 万人。其中，可投资资产 1 亿元人民币以上的超高净值人士达 12 万人。10 年间，中国市场各客户群体的增长率达到 20%，如图 1－6 所示。③

① 资料来源：国家统计局.

② 资料来源：招商银行，贝恩公司.《2017 中国私人财富报告》[R].

③ 资料来源：同上.

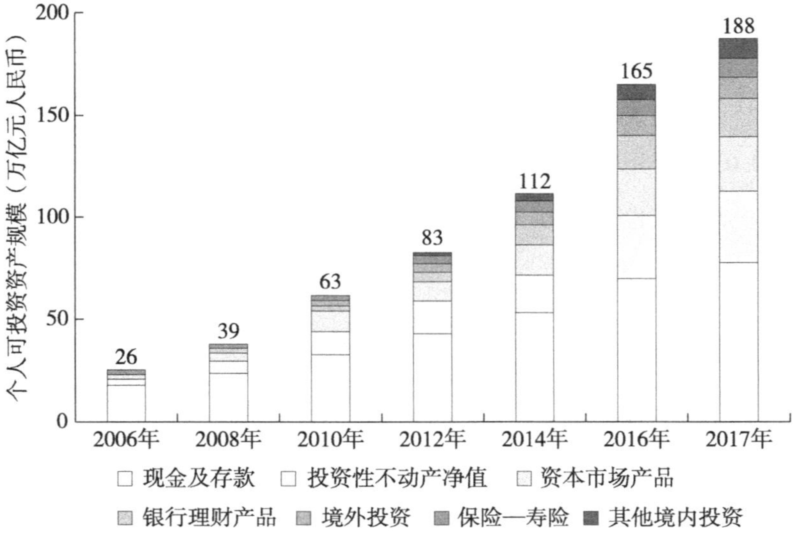

图1－5　我国个人可投资资产规模增长情况

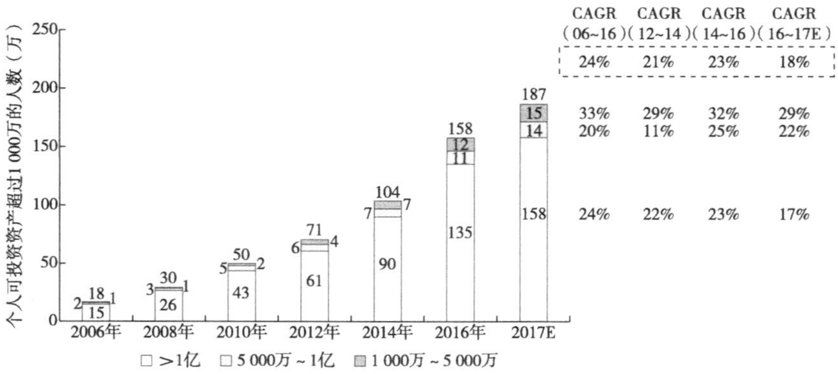

图1－6　中国市场各客户群体的规模及增长率

客户成长：从“我需要理财”到“我需要专业理财”

财富基础决定了市场发展的空间，但是客户对财富管理的认知才是真正推动市场成熟的核心力量。虽然当前国内财富管理市场的发展距海外发达市场尚有较大差距，但客户意识的形成与发展已大体完成了启蒙期、强化期和回归期 3 个阶段。

启蒙期

中国个人理财意识的启蒙开始于2000 年《富爸爸穷爸爸》这部通俗理财读物的引进。该书被认为是理财界的入门教科书，在国内翻译出版之后，迅速占领了全国各大书店的畅销榜。之后，形形色色的理财普及读物开始出现，图书、期刊、报纸、杂志，甚至电台和电视台也陆续开设了理财专题栏目。

《富爸爸穷爸爸》向国人传递了一个重要理念：一辈子忙碌于获得劳务收入之外，你需要学会不断购买资产，以创造现金流。在后来理财知识的总结中，这些非劳动创造的现金流被归纳为“理财收入”或“被动收入”。

书中提到的现金流游戏（老鼠赛跑）及与之类似的大富翁游戏在此时也变得流行，游戏中的“买房收租带来现金流，投资股票、黄金等，积少成多，再购买更多可带来现金流的资产”，淋漓尽致地展现了“理财本色”。

2001 年，我国第一只开放式证券投资基金诞生，2004 年第一只银行理财产品诞生，“理财”正式进入人们的视线。与此同时，金融改革稳步进行，金融产品日渐丰富。

强化期

理财意识的强化来自资产价格上涨，在此过程中，A 股与房地产的繁荣功不可没。

为支撑经济高速发展，近 20 年来，我国的货币供应量一直维持高位。2007 年，高速的经济发展（GDP 增速几乎 14% 以上）、大量的货币供应与防止手中资金贬值（7 月 CPI 突破 5%）的投资目的，共同为 A 股塑造了一场波澜壮阔的大牛市，股票型基金随之大火。一时间，街头巷尾大家都在讨论炒股、买基金，金融机构与媒体也在不断灌输理财的理念与作用。由此，市场展开了一场全民理财的运动。“你不理财，财不理你”一度成为年度热点。

股票（尤其是杠杆资金）投资带来的财富效应，极大地催化了人们的投资理财热情，部分资金开始涌向房地产市场，推动房地产价格迅速攀升。股市、房市诞生了一个又一个造富神话，吸引了更多的人投身其中。

回归期

2008 年美国“次贷”危机迅速演变成全球性金融危机。受其影响，国内股票市场一落千丈。上证综指基本跌回牛市的起点（1 600 点），证券相关投资产品大幅下跌，为全民上了一堂惊心动魄的风险教育课。人们对市场风险有了切身的体会，对金融市场和金融产品有了更客观的了解。

对于市场而言，这样的调整与风险教育不可避免。不管市场是亢奋癫狂还是冷清绝望，投资者注定需要被洗礼。2007 年以来，金融创新加速，金融产品与服务不断增加，来自金融机构与媒体的投资者教育活动兴起，也不断强调科学理性投资，理财理念与知识也得以广泛普及。

金融创新：巧妇要为“有米之炊”

客户有了理念和需求后，还需要有多元化的金融产品和服务来满足。金融创新是财富管理市场机遇形成的重要条件。

随着金融改革不断深入，金融管制逐步放开，中国金融市场进发出前所未有的活力。利率市场化、资产证券化、泛资产管理化大踏步前进，为理财市场发展创造了良好的条件。

最初，市场上的资产管理（Asset Management，简称 AM）以银行为主导，存钱与购买国债是民众屈指可数的理财方式。某种意义上说，这只是被动的、初级的理财或投资。

2004 年 10 月利率市场化进程开启，2015 年年底完成。利率市场化带来以银行理财产品为代表的固定收益类产品的繁荣，以及相关资产管理机构的诞生与壮大，比如信托业此后的崛起。

数据显示，截至 2017 年 6 月底，全国 555 家银行业金融机构存续理财产品数量达 8. 58 万只，理财产品存续余额为 28. 38 万亿元。①2007 年年底，信托规模不到 1 万亿元，而至 2017 年 6 月底，信托规模达到 23. 1 万亿元。②

金融产品背后的基础资产，主要是以债权与股权形式出现。如果说利率市场化是债权市场的助推器，那么多层次资本市场的建设就是股权市场大发展的加速器。图 1 –7 所示为我国多层次资本市场体系。

2012 年，中共“十八大”召开，提出健全促进宏观经济稳定、支持实体经济发展的现代金融体系，加快发展多层次资本市场。从而催生了创投、新三板、并购的大繁荣，带来了相关的股权类产品，以及新型资产管理机构的出现与繁荣，如私募股权基金、阳光私募基金、管理人的管理人基金（Manager of Managers，简称 MOM）等。

同年，资产管理业多项政策出台，对基金、券商、保险、期货等机构的资产管理业务范围进行了扩充，也开始允许基金和券商成

① 资料来源：银行业理财登记托管中心. 中国银行业理财市场报告：2017 年上半年 [R].

② 资料来源：中国信托业协会. http：//www. xtxh. net/xtxh/statistics/43347. htm.

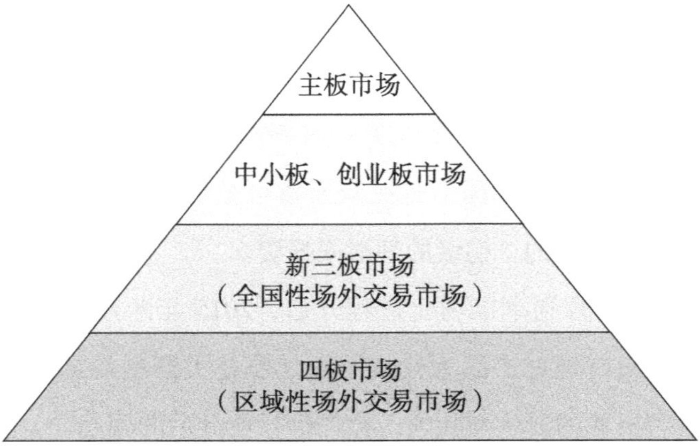

图 1－7　我国多层次资本市场体系

立子公司参与资产管理。自此，“泛资管时代”到来，新型资产管理人市场得到快速发展。

截至 2017 年 6 月底，我国公募基金 4 419 只，资产净值 10.07 万亿元，基金公司专户业务规模 6.34 万亿元，基金子公司业务规模 8.59 万亿元，已备案私募基金数量为 5.66 万只，认缴规模 13.59 万亿元。[①]

金融创新为财富管理业的蓬勃发展提供了日益丰富的产品选择，满足了市场各类风格的投资选择，见图 1－8。

多元化的金融产品、创新的资产管理人与大量可投资资金，共同成就了财富管理市场规模的壮大。

科技进步在金融领域也产生了重大影响。移动互联网技术与第三方支付体系的发展和运用，使金融交易更加即时迅捷，提高了金融业的效率。与之相伴的，也带来了以互联网金融与智能理财为代表的普惠理财运动。

① 资料来源：中国证券投资基金业协会 . http：//www. amac. org. cn/tjsj/xysj/zqqhjyjg-zcglywtjsj/392013. shtml.

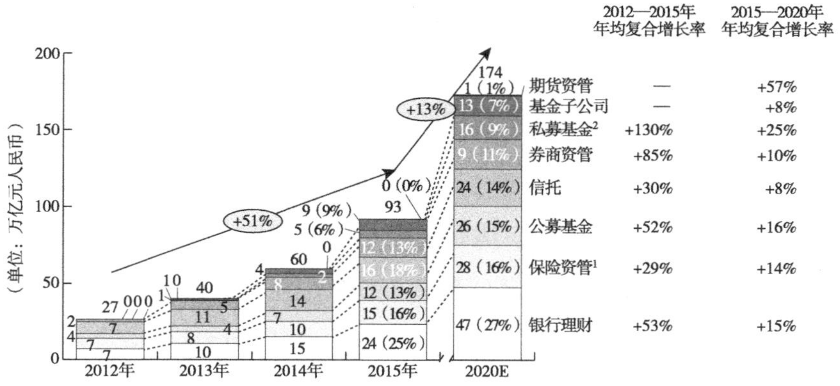

图 1－8 2012—2020 年中国资产管理规模按资产管理机构划分

注：1. 保险资管含保险公司资金运用和第三方资管业务。

2. 私募基金采用私募基金管理机构认缴规模。

资料来源：中国光大银行，波士顿咨询公司．《中国资产管理市场 2015》［R］.

财富迁徙：财富在哪，理财需求就在哪

财富换代是主要的“财富迁徙”，涉及财富管理中的财富传承。

在财富管理领域，以往欧洲的财富传承较为普遍，亚洲、美国、俄罗斯等地的财富传承占比较低，但这种情况正在逐渐改变。比如，中国的老龄化将产生许多因继承带来的财富在代际之间的转移与分配。

改革开放 30 余年，我们积累了大量的社会财富，同时创造了大量的富裕阶层。目前，我国以民营企业家为代表的创富一代正面临老龄化、集中向下一代传承财富的特殊时期。

招商银行和贝恩公司的《2017 中国私人财富报告》显示，约 60% 的高净值人士认为家族财富保障和传承是其主要需求。同时，部分高净值人士，尤其是超高净值人士，对家族企业未来规划和安排建议表现出兴趣。不少创富一代企业家表示，他们很快将面临企业传承问题，相应的规划和安排需要专业机构的建议和指导。

财富换代一方面会带来现有的财富传承专业管理需求；另一方面，在传承后，二代将对金融机构与理财顾问进行重新选择，这也为理财顾问拓展业务创造了新的机会。

格鲁夫（Grove）等人的研究①显示，92%的人在继承遗产后更换了原有的理财服务机构。国际金融专业人士协会（International Society of Financial Professionals，简称 ISOFP）亚太区副主席罗伊·桑吉拉旺（Roy Sangkilawang）也曾指出，人口结构与决策模式正在发生变化，在未来5～10年，财富的继承者很可能不会选择保留他们父母的理财顾问；根据普华永道最近的一项调查，财富的代际转移会引起超过50%的资产转换。因此，理财顾问和财富管理机构需要尽快针对千禧一代制定有效的客户经营（客户开拓与服务）战略。

两代人之间的财富转移将会是一个重大机会。年轻一代与其父辈相比不仅更早参与了财富管理，其对财富管理的认知与理解会更先进，而且他们通常拥有更丰富的金融知识。

财富传承，一直是我国财富管理业务中最有潜力却又最薄弱的环节。巨大的需求面前，金融机构也加快了相关产品与服务的布局。近年，媒体与部分金融机构大谈家族信托、家族办公室，都因窥见了这个领域的巨大机会。

财富迁徙的另一种表现则和地域因素有关。由于我国区域经济、文化、教育、医疗、资源的差异及户籍制度约束，人才、企业与财富纷纷向资源更丰富的城市迁徙。这场财富迁徙运动，直接提升了相关地区财富管理市场的集中度。据统计，中国高净值人群主要分布在一线城市和东南沿海经济较发达地区。但是，随着我国“一带

① 资料来源：GROVE，SHAW，PRINCE. *The lives and advisors of new millionaires.* Trusts & Estates，2003，2（8）.

一路”、长江经济带和京津冀协同发展等国家区域发展战略的部署和落实，相关区域经济发展增速，带动区域高净值人群数量增长，2012—2014 年，高净值人群增长亮点集中于中西部地区。而 2014—2016 年，积极响应政府“大众创业、万众创新”号召，发展高新技术并推动产业转型升级，且“一带一路”政策影响持续深入，一线城市和东南沿海地区迎来新一轮增长，高净值人群规模再次领涨全国。①

专栏 1－2

响亮而又安静的革命②

财富管理的根本性转变可以被形容为两次革命，一次是响亮的，而另一次则是安静的。

响亮的革命包括几个引人注目的趋势：由于婴儿潮一代逐渐变老，并开始把他们的资产传承给下一代，财富正在进行大规模转移；自动化咨询上升到机器人投顾（robo advisor）和虚拟顾问阶段；基于投资组合管理建议的在线服务和更加严格的监管审查，旨在确保顾问的利益不与客户的利益发生冲突。

更重要的是一场安静或者说无声的革命。这场革命虽然发生在幕后，却直接影响着投资建议的本质和未来。这场无声的革命在几个方面显现出来，包括同时增长的对投资建议标准化和个性化的需求，以及对投资建议是如何得出和传递出来的创新性想法的需求。

技术的进步和监管政策的变化，为财富管理的过程带

① 资料来源：招商银行，贝恩公司．《2017 中国私人财富报告》［R］．

② 摘自国际金融专业人士协会亚太区副主席罗伊·桑吉拉旺的讲话。

来了全新的透明度。金融人士若敬而远之地对待客户，单靠标榜理财顾问来获取客户的信任，这样的方式已渐渐开始不被市场所接受。

如今，客户更加成熟且挑剔，希望更个性化、更实时、更轻松的互动。

他们对于一些原有的痛点也不再能够忍受，比如一些他们认为复杂、费时，并且有风险的流程；感觉没有得到足够的支持；感觉被轻视甚至被剥削；被蒙蔽，而不能拥有财务决策的控制权。

客户开始对他们所付出的费用和他们所换取的服务质量表示不满，这促使客户开始质疑他们的顾问的利益是否与他们自己的真正一致。

同时，鉴于人口结构正在发生变化，在未来 5 ~ 10 年，财富的继承者并不一定会选择保留他们的父母的理财顾问。事实上，普华永道调查显示，财富的代际转移有超过 50% 的资产流失率。

到 2020 年，“X 一代”和“千禧一代”会控制所有可投资资产的一半以上，约 30 万亿美元，这意味着公司必须尽快设计一套针对“X 一代”和“千禧一代”的获客战略。

因此，对于理财顾问而言，把如何获取信任这个新的方程式好好解清楚，是至关重要的。

机遇升级，挑战也升级

机遇的另一面是挑战。2008 年起，中国宏观经济增速放缓，影响了居民的理财热情，在扩大基础资产风险的同时降低了它们的潜在回报；10 年来的风险教育让客户更加成熟，也更精明，自媒体时代信息获取变得非常便利，这也让客户对产品和服务可以有条件进行对比与选择。金融产品日益繁杂，要精心选择与整合才能更好地满足客户的实际需求，这对很多理财顾问来说，是一个巨大的挑战。图 1 –9 概括了财富管理市场正在发生的变迁。

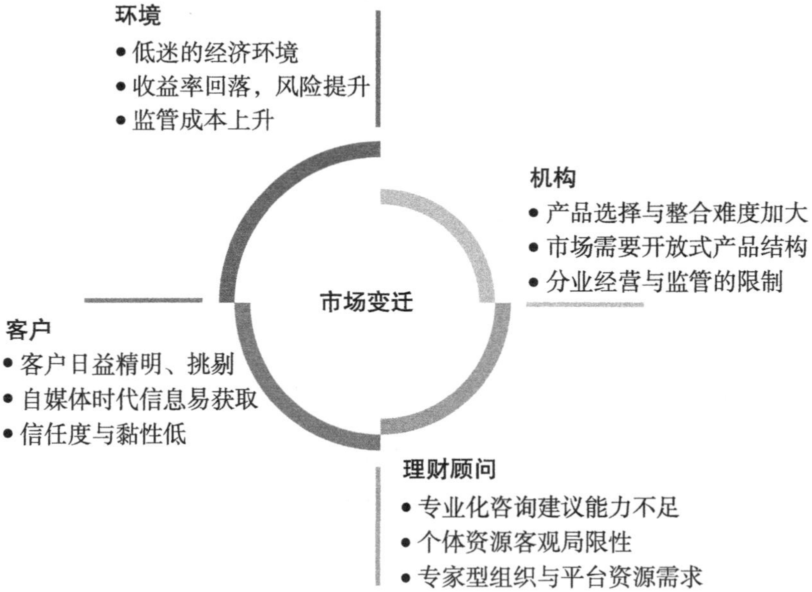

图 1 –9　财富管理市场变迁

环境：经济低迷与监管升级

“我国经济运行不可能是 U 型，更不可能是 V 型，而是 L 型的走势。”这是 2016 年 5 月《人民日报》刊发文章中“权威人士”提出的重要论断。

宏观经济多年高增长后，我国人均 GDP 迈入 8 000 美元大关，但与此同时，经济结构的内在矛盾与国内外环境的变化，也让中国经济陷入“中等收入陷阱”[①]，经济增速回落，进入成长瓶颈期。陷入“中等收入陷阱”的短期表现是经济大幅震荡，长期表现则是经济的持续低迷，即呈“L型”走势。

虽然财富管理是弱周期的行业，但是资产价格剧烈震荡，还是会给财富管理市场带来不小的挑战。

“滞胀周期”[②] 使得社会整体财富增长趋势减缓。与此同时，各类资产的回报率开始下落，其带来的是投资收益率的下降。此外，经济低迷还会使存量资产风险事件增加，优质资产变得非常稀缺。最重要的是，由于经济结构失衡，这种低迷局面很可能会持续较长时间。

这些变化固然有其积极的一面，优质资产稀缺令投资产品选择与配置难度提升，理财顾问的专业价值得以凸显；但是消极的一面是，它会严重影响到市场的投资热情。客户面临两难选择，投资则要面临较多资产价格波动风险，不投资则要承受因通胀导致的购买力风险。因此，客户的理财决策会愈加保守。随着一系列风险事件的爆发，原本挑剔、缺乏黏性的客户很容易对金融机构和顾问产生更大的不信任。

环境的另一个变化则来自合规成本的上升。由于我国的金融市场纵深复杂，经常处于“一放就乱，一管就死”的境地，虽然监管层有意推动金融创新，但所走的每一步都可谓是小心翼翼，力度有限。对于一些可能带来行业风险的业务，监管层也多保持谨慎态度，

---

① 世界银行《东亚经济发展报告（2006）》中提出“中等收入陷阱”（middle income trap）的概念，意指：一个国家发展到中等收入阶段（人均 GDP 3 000 美元左右）后，往往陷入经济增长的停滞期，出现贫富悬殊、环境恶化甚至社会动荡等问题，既无法在工资方面与低收入国家竞争，又无法在尖端技术研制方面与富裕国家竞争，长期在中等收入阶段徘徊，不能进入高收入国家行列。

② “滞胀周期”是指经济增长停滞，通货膨胀高企。

对其约束。

比如，为了控制信托公司过度信贷风险，银监会出台了《信托公司净资本管理办法》（银监会令 2010 年第 5 号）、《关于规范银信理财合作业务有关事项的通知》（银监发〔2010〕72 号）、《关于信托公司风险监管的指导意见》（银监办发〔2014〕99 号）等政策，使得信托公司的相应业务规模明显受限。

在金融市场的发展过程中，积极型金融机构的一些金融创新有时不得不在合规与“擦边球”之间徘徊，而另一些金融机构则因合规成本的上升导致创新意愿减弱。

客户：黏性下降与谨慎挑剔

2008 年美国次贷危机引发全球性金融危机，传导到国内，导致市场重挫。2015 年股市“去杠杆”和汇改引发严重股灾。2016 年 e 租宝、中晋等大规模私募风险爆发，“刚性兑付”打破在即，使理财行业最重要的“信任”接连被挑战。金融风险事件大量出现，使客户对金融机构及理财顾问保持本能的“质疑”，客户黏性下降。

与以前相比，客户理财经验增多，行事更加谨慎。他们会进行比较，慎重选择理财机构和顾问。他们的普遍做法是，先在某位理财顾问那里安排少量的业务，作为尝试；随着专业性与职业操守可信度增加，再逐步授权，增加投资规模。

当下，移动互联网与自媒体的普及令信息获取更容易，客户的自我学习加快。客户可随时随地获得金融服务及购买渠道信息，甚至通过移动端实时在线进行自主买卖。同时，金融科技的发展降低了投资者获取金融产品，甚至构建个性化投资组合的门槛。客户需要理财顾问提供的不再是随处可见的理财观念与知识，他们希望得到更加专业且个性化的服务，对顾问建议与方案质量的要求变得日益苛刻。

客户对理财顾问的建议范围也不再仅局限于资产管理，而是涵盖了税务筹划、遗产规划、保险保障、医疗服务及其他泛金融服务，而且期望更加便捷与愉悦的互动。

以上这些都挑战了传统理财顾问的专业能力与业务资源能力。

调查显示，中国高净值人士在选择境内私人银行或财富管理机构时主要考虑的前 4 项标准是“品牌好”“团队专业”“定制化服务”“客户经理服务”（见图 1 - 10）。可见，在内心深处，客户期望得到的并非简单的投资收益率，而是由值得信赖的理财顾问（及团队）为其提供专业且个性化的服务。

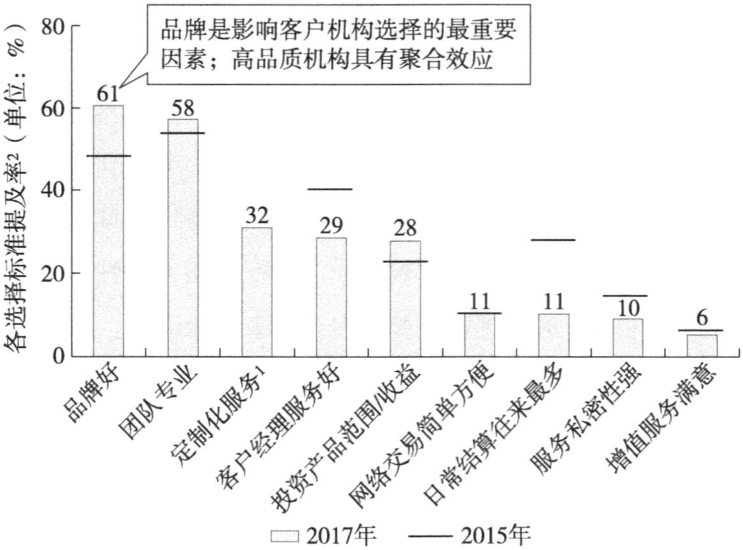

图 1 - 10　2015—2017 年高净值客户选择境内私人银行/财富管理机构主要标准变化趋势

注：1. 定制化服务指的是根据个人收益、风险和其他偏好提供定制化的服务。

2. 部分选项未在 2015 年的问卷中出现，故此处不显示。

资料来源：招商银行，贝恩公司．《2017 中国私人财富报告》[R].

专栏 1-3
金融科技对传统理财顾问是机会还是威胁?①

金融科技通常被称为 FinTech。2008 年以来，大量资本涌入新兴企业。新兴企业一直试图通过利用科技来使投资变得更加便宜和方便，从而带来了金融科技在全球范围内的爆发。

在理财顾问行业，许多人质疑 FinTech 到底是有利于他们的业务，还是他们的另一个竞争对手。CFA（Chartered Financial Analyst，特许金融分析师）协会 2016 年 4 月出具了一份调查，这份调查采访了超过 3 000 位来自全球的特许金融分析师。

问题 1：你认为哪些领域受自动化理财建议工具（automated financial advice tools）影响最大?

调查结果如图 1-11 所示。

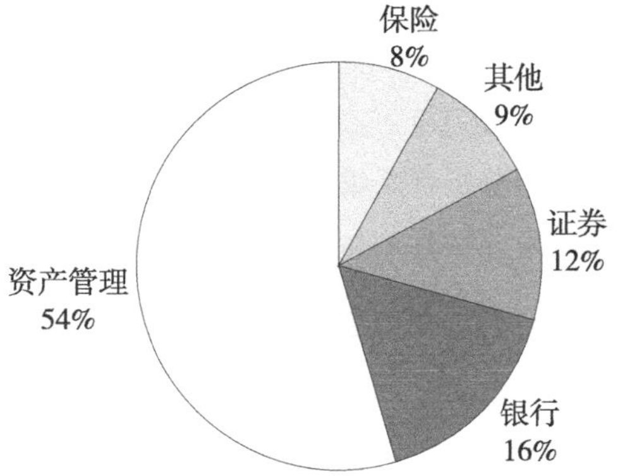

图 1-11　受自动化理财建议工具影响的领域分布

注：统计数据处理中的四舍五入导致最终结果总和不是 100%。

资料来源：CFA 协会.《金融科技调查报告》[R].

① 资料来源：SANICOLA L. Will fintech help or hurt traditional advisors? .（2016-05-26）[2016-12-28]. http://www.cnbc.com/2016/05/25/will-fintech-help-or-hurt-traditional-advisors.html.

问题2：自动化理财建议工具会如何影响各类投资者？

调查结果如图1－12所示。

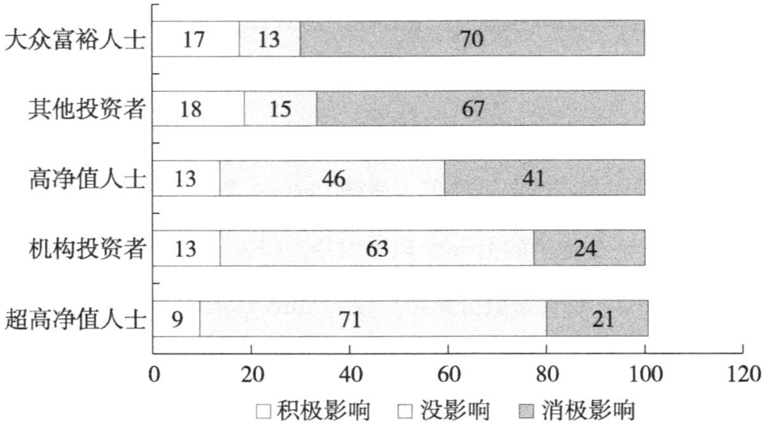

图1－12　各类投资者受到影响程度的可能性

注：统计数据处理中的四舍五人导致最终结果总和不是100%。

资料来源：CFA协会．《金融科技调查报告》［R］．

自动化理财建议工具如何影响顾问，取决于顾问工作的行业。

CFA协会的分析师斯维·罗素（Svi Rosov）表示："那些为高净值客户提供建议的顾问可能会更多地把FinTech看作一个机会而不是潜在威胁，因为他们面对的投资者一般都有特别复杂的需求。"

科罗曼德财富管理公司（Coromandel Wealth Management）创始人、理财规划师乔治·加利亚尔迪（George Gagliardi）表示："金融科技为大公司和小公司创造了一个公平竞争的环境。如今，FinTech允许小型财务规划机构与大公司竞争，并不需要资本支出或费用。而在以前，只有拥有高额管理资产（Assets Under Management，简称AUM），才能消费得起这些工具。

带有客户可访问入口的科技工具，能够让顾问帮助客户积极参与到规划过程中，而不仅仅是一个只会机械接受纸质报告的人。”

SigFig 的 CEO 及创始人迈克·沙（Mike Sha）表示：“很明显，FinTech 确实给投资者带来了比以前更强大的工具，帮他们做出投资决策。

担心金融科技对行业是否造成威胁，是个错误的想法。

今天我看到的是，每一个金融科技的‘现任主要球员’都将科技当成用来帮助顾问的工具，而不是与他们竞争。

科技可以更好地服务客户，这一观点得到越来越多的印证与认可，带来了金融机构与金融科技公司之间前所未有的合作。

伙伴关系，在 5～10 年前是闻所未闻的，即便在 3～5 年前也非常罕见，但今天，我认为双方都比之前任何时候更接近彼此。”

沃尔德伦私人财富公司（Waldron Private Wealth）的 CFO 及首席服务官迈克尔·克罗尔（Michael Krol）表示：“金融科技也许是第二次科技泡沫的开始。

对于生存下来的公司，金融行业将是颠覆性的……而顾问要面临的挑战是，将最终赢家从失败者中分离出来。

智能投顾始终还是存在一定局限性，一定有很多事情是无法智能化的。在重要决策上，永远都存在需要‘人对人’的建议的空间，比如退休咨询。

对于智能投顾给财富管理带来的影响，我持积极态度。

行业带着黑眼圈，从衰退中挣脱出来，只剩下那些一直在质问为什么他们要支付如此多费用的人们。智能投顾就处在一个需要减轻高额支出的位置上。

最终，金融科技对理财顾问的影响，将取决于顾问能否比智能科技公司提供得更多。

智能投顾，可能会使得许多跟它持有相同价值的提案的顾问失业，但我认为这终将会是一件好事。”

机构：“资产荒”与政策限制

机构层面带给理财顾问的挑战主要来自两大方面。

一方面，产品的数量与复杂性增加。金融机构面临的问题是，如何获取优质资产并设计成金融产品。理财顾问则要思考哪些资产与管理人是可以推荐给特定的合格投资者的。这些工作，对金融机构和理财顾问都构成较大的挑战。

另一方面，高净值阶层与工薪阶层需求不同，除了标准化的账户服务之外，他们更希望得到全面而又个性化的金融产品与服务。

当前，就连产品丰富的大型金融机构也普遍意识到，高净值客户多元的理财需求与自身所能提供的产品和服务之间存在越来越难以弥合的缺口。

我国金融体系长期以分业经营为主，为保障金融系统安全，经营特定金融业务需要有相应牌照。换言之，没有足够的牌照，金融机构很难开展综合金融服务。一站式产品与服务并不易获取。理财顾问往往受所属机构限制，其服务能力备受挑战。

与此同时，没有单一的供应商能够提供全部最佳解决方案。因此，在全球范围内，卓越的财富管理机构除了提供其自身的产品和服务外，都会协调第三方部门（集团内的其他子公司或其他部门，或者外部公开市场）采购产品和服务。开放式产品结构正在成为机构争夺客户的重要模式。

理财顾问：需求升级与服务创新

在资产管理领域，因信息不对称导致的资产与资金错配现象严重。在私人财富管理领域，则常出现客户需求与金融服务无法有效匹配的低效状态。一边是客户需求升级，另一边是产品和服务创新。理财顾问在连接两端的过程中，扮演了极其重要的角色。通过咨询过程，理财顾问的价值在于将碎片化的信息、产品与客户意愿有效连接起来。这一过程可以形象地用图 1－13 表示。

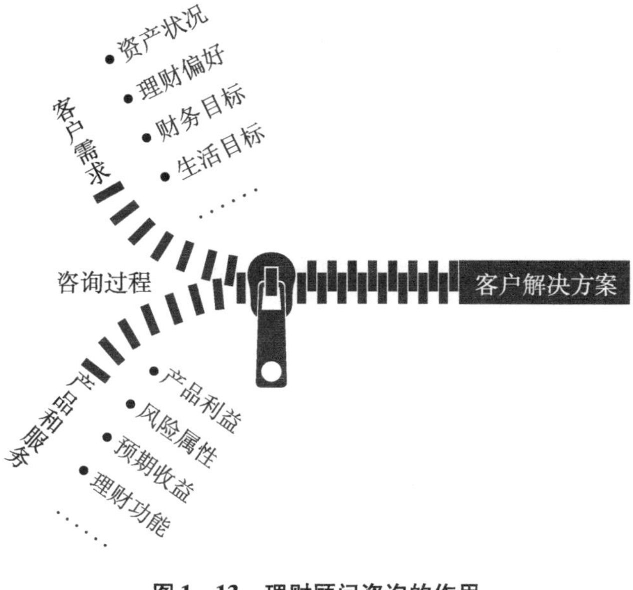

图 1－13　理财顾问咨询的作用

专业化的产品匹配需要建立在对客户充分了解的基础上。理财顾问需要通过更有效的方法和手段了解客户、了解市场，遵循 KYC

（Know Your Customer，充分了解你的客户）原则，强调产品与客户的科学匹配，而不是被动地根据销售机会向客户推荐。

“充分了解你的客户”之后，是提供专业化的服务。当前，信息碎片化，产品良莠不齐，常规化的理财知识与技术不再稀缺。知识经济时代，理财顾问想拥有深度的客户信任，就必须从“推销员”变成“顾问”，就像“卖药”到“开处方”的转变一样。

除了顾问专业能力受到挑战以外，理财顾问是否具备商业思维、能否用战略视角经营客户、能否整合资源为客户提供卓越服务，则是其面对的更深层次的考验。

受制于个体资源的客观局限性，理财顾问专业技能的提升并不保证其在财富管理领域走向卓越。如同好医生也需要完善的医院服务和设备支持，理财顾问也需要专业、可靠、有议价能力的产品采购平台，以及法律、税务等领域专家顾问团队。因此，平台资源与业务流程的支持变得尤为重要。

在时代的机遇与挑战面前，顺应趋势转型的专业顾问会快速崛起：从积极提升专业度（包括理财技术与客户经营能力）到整合金融资源，以及获得流程支持，才能最大化地释放自身商业潜能。

第二章

客户价值管理

如果你在思考营销时不细分市场，那你就不能算在思考。

——西奥多·莱维特（Theodore Levitt），哈佛商业评论主编，现代营销专家

现代社会，不论哪个行业，客户都是整个价值链的起点和终点，也是决胜点。在高度精细化的金融服务业，只有聚焦目标客户，才能有效组织服务能力，进而实现客户的商业价值。

过去10年，伴随金融创新与投资经验的增长，中国富人的理财属性变得成熟且挑剔。

每一类富裕族群之间，理财需求都因资产规模、风险偏好、财富来源、教育水平等而表现出巨大的差异。他们对金钱的态度或严肃或随意，对自身理财能力或自信或担忧，这导致理财顾问在与他们接触、面谈、建议、服务等工作环节中，所用到的理念、技术、产品与服务，以及工作方法都千差万别。

从经营策略看，每一位理财顾问的精力与资源都很有限，这便要求择优经营。理财顾问基于对财富人群的深入理解，结合自身的资源禀赋与个性特征，可以更有效地建立客户信任，以及精准设计解决方案，进而挖掘出每一个客户的潜在价值与影响力价值。

在错误的道路上，奔跑也是徒劳。努力找到对的目标市场，然后规模化地做好它。

目标市场的选择

“我跟新客户是该多聊些理财资讯，还是多聊些家常呢?”

“我维护了很久的客户，迟迟不肯成交。但我在自己身上、在产品与服务方面都没找出明显的问题。”

“客户很信任我，却很难再开拓新业务。他自己的事业在走下坡路，我是该继续服务，还是另做选择?”

……

客户的获取与经营是每一位理财顾问的核心工作。财富管理，千人千面。不同类型的客户，其需求可能存在极大差异。我们必须承认，只有极少数顾问能够经营好多类别市场。

面对偌大的市场，我们是该欢欣鼓舞一头扎入，还是三思而后行？这个市场显然已在分化，哪些才是我们的目标？如何定位我们自己？怎样才能从竞争中脱颖而出？每一个问题都应引起我们的思考。

目标市场原理是企业在若干细分“子市场”中，基于自身商业目标与服务能力，优选客户类型。

在很多领域，都存在目标市场的逻辑。比如律师行业：律师根据擅长的司法领域接受案件，有的擅长刑事案件，有的擅长经济案件，有的擅长婚姻家庭纠纷。再比如医疗行业：医生根据擅长的医疗能力提供服务，从专业技术角度来说，有的专注于心脑血管，有的专注于眼科，有的专注于骨科；从客户角度来说，有人在治疗方面充满经验，有人在疾病预防方面更在行。

专注与精通一直是不可分割的词语，相辅相成。聚焦特定市场，成长为领域专家，只有坚持目标市场定位，才能有效组织资源，沉淀工作方法，并保证服务质量，进而获得较高的客户信赖与满意度。如果没有目标市场的指导，大量精力与资源会被分散，难以标准化作业流程，进而阻碍业务规模的显著提升。

不谈细分市场就没有客户画像

定位目标市场的前提是，进行有效的市场细分。

美国市场学家温德·史密斯（Wendell R. Smith）在 20 世纪 50 年代提出市场细分（market segmentation）的概念。当时正处于第二次世界大战后美国产品市场由卖方主导转为买方主导的时期，这个概念其实是企业营销理念转向“以客户为中心”的结果。

市场细分是依据消费者的不同需要和欲望，根据购买行为和习惯差异，将某一产品的市场整体划分为若干细分的消费者群市场。每一个细分市场都是由具有类似需求倾向的消费者构成的群体。

财富管理总体是一个百万亿级的市场，但不同客户之间存在显著的行为差异，所以对每一位理财顾问而言是一个个“小而美”的业态，只需要找到符合自身特征的一群客户即可实现职业成功。客户细分对于理财顾问具有以下重要价值：

1. 了解不同客户的需求特征，发现商业价值最大或者潜力最大的目标市场，合理配置时间、资源和精力，提供有针对性的服务。

2. 为目标市场具有相近偏好的客户群体提供定制化服务，从而提高客户推介率，口碑效应会引发新市场机会，即实现 MGM

（Member Get Member，客户转介绍）。

3. 能使理财顾问形成专业技术与专家建议能力，并针对客户群开展积极咨询建议与销售活动。

理解客户是获取、发展和维护客户的关键。为了更好地理解客户，挖掘客户的商业价值，理财服务机构从未停止过对于客户细分的探索与研究。在财富管理的实践中，主要的客户细分方法有以下几种：

按财富水平细分客户

在全球财富管理领域，财富水平是各机构划分客户层最传统也是最主要的一种方式。这是因为一方面客户资产数据相对容易获取，另一方面客户的资产规模与理财偏好之间具有紧密的联系。

在通过财富水平来细分客户时，通常使用的衡量依据是“可投资资产”规模。可投资资产是指剔除自住性房产和流动性较差的资产后的资产，包括金融资产和投资性房产。

图2－1和图2－2所示为私人银行业在细分客户时常用的财富金字塔。各家机构在界定财富量级的划分标准方面并不一致，但都会对起始门槛有一定要求，主流机构服务标准设定在100万美元等值金额以上。

国外典型的私人银行按照财富水平对客户进行的划分如图2－1所示。

需要特别说明的是，中国家庭的主要财产多为房产，可投资金融资产占比较低，不能仅仅只靠汇率换算来简单推定中国客户的所属群体。

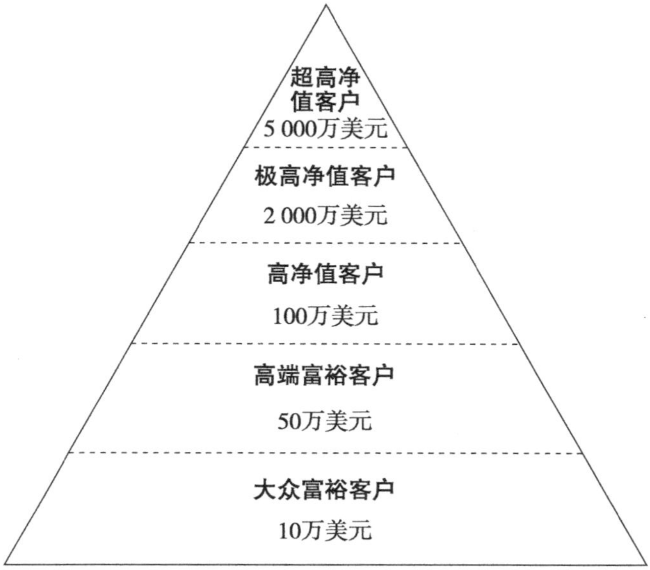

图 2－1　国外典型的私人银行客户划分标准

资料来源：科勒迪．私人银行：如何于竞争性市场上实现卓越［M］．张春子，译．北京：中信出版社，2015：85.

国内，具有代表性的财富水平划分是基于银监会颁布的《商业银行理财产品销售管理办法》的划分方式。金融机构结合客户的可投资资产提供的产品和服务，将私人财富管理客户划分为 4 个层次，如图 2－2 所示。

以上这些划分方式主要是针对中产及以上的富裕客户进行的。这是因为，工薪阶层基本处于收支平衡状态，没有过多结余照顾未来支出。中产阶层会有一定盈余，能够看到并且追求更高品质的生活内容，为未来做一定筹划，但通常目标多于所掌握的资金，因此只能根据目标的轻重缓急对有限的资金进行安排。富裕阶层有较多的财产积累，因此有更广泛的财富管理需求，除了追求财富增值，还非常注重财富的保护与分配。

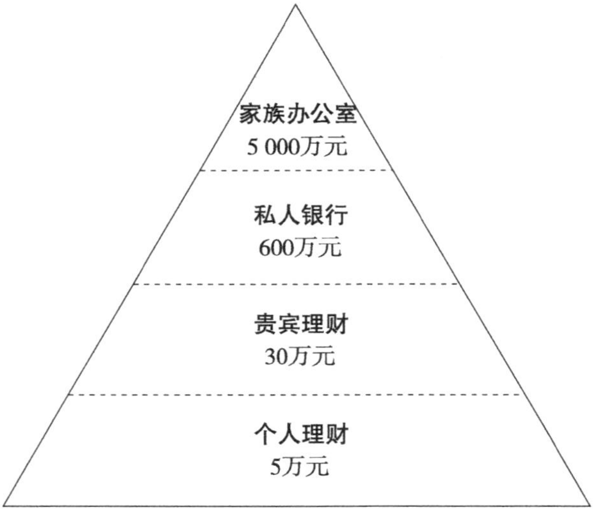

图 2－2　国内商业银行客户划分标准

资料来源：庄毓敏．中国财富管理报告 2015［M］．北京：中国人民大学出版社，2016：52.

不同财富水平的客户，理财需求与行为模式自然不同，理财顾问也应注意其服务要求与决策驱动因素的差异化，见图 2－3。

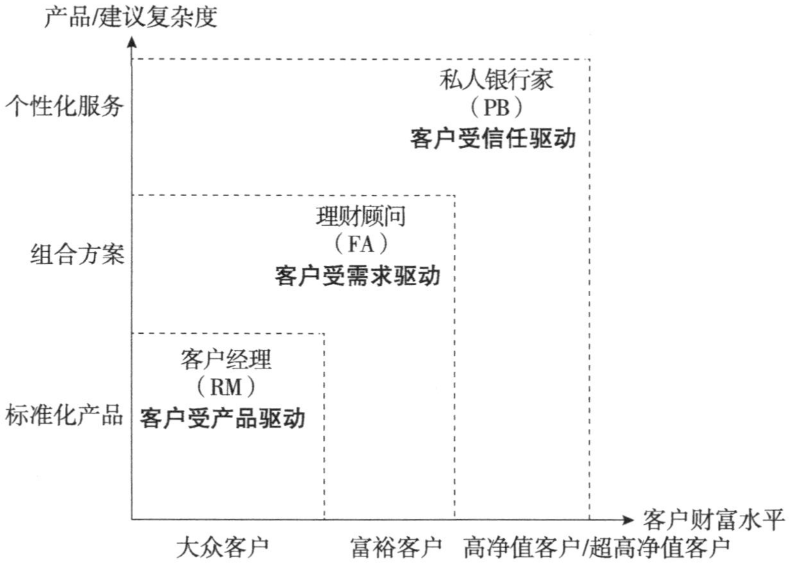

图 2－3　不同理财顾问服务的客户层次及提供的对应金融服务内容

参考国际标准，结合中国市场实践情况，我们认为当前环境下适合中国财富特征的客户分层如图 2－4 所示。

财富水平	财富特征	服务主体	服务内容	服务标准
超高净值阶层	可投资资产 1 亿元以上	家族办公室	事务管理 风险管理 资产配置	私密、委托式个性化管理
高净值阶层	可投资资产 1 000 万元以上	私人银行		广泛、综合管理
富裕阶层	可投资资产 100 万元以上	贵宾理财		主动、持续管理
中产阶层	年收入 10 万元以上	零售部门	理财规划与组合产品	被动、单点管理
工薪阶层	年收入 10 万元以下		标准化产品	
社会基础层	社平工资以下	政府部门	社会公共服务（各类救助）	解决安全与温饱问题

图 2－4　以银行部门为参照的客户分层标准

资料来源：波士顿咨询公司，普华永道，由作者整理。

多维度的客户细分标准

仅按照财富水平划分客户，很多时候仍难以完全弄清客户的需求。目标市场营销策略需要更为准确的客户画像，方能更加规模化（前提是服务相对标准化）且更经济地提供服务，并保证客户满意度，提供更加匹配的服务与解决方案。

如今，理财机构正在广泛采取其他标准对客户做进一步细分，从而形成综合性客户细分标准。除客户年龄、性别、风险偏好外，财富来源和职业等均成为重点考量因素。

财富来源

财富来源之所以成为重要的客户划分标准，是因为财富获取方式的主动与被动、获取的快与慢等，都影响着投资者的风险偏好、理财经验、品牌倾向，进而影响顾问与产品选择。

按照财富来源不同，一般可将客户分为“旧富人”（old money）和“新富人”（new money）。前者的财富主要是从祖辈继承而来，后者的财富则主要是通过商业活动或意外获得的。两者的区别可参见图2－5。

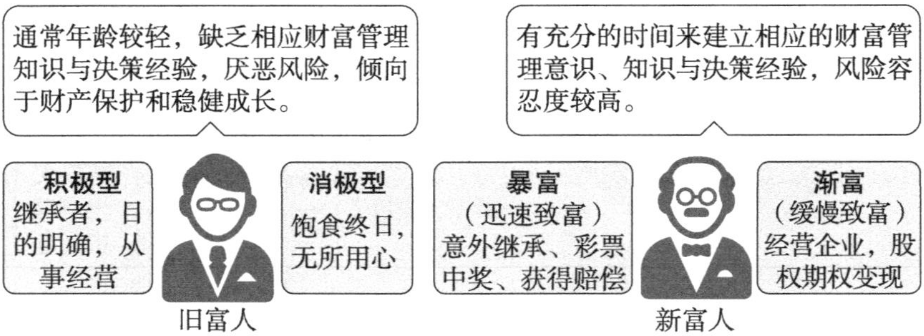

图2－5　依据财富来源的客户细分

旧富人可以进一步分为积极型和消极型。积极型明确了解自己的财富责任，虽然其追求财富创造的目的性较上一辈有可能减弱，但是注重成就感，从事生产经营活动，希望财富能够很好地保持和继续向下一代传承。消极型则更可能只注重享受与挥霍。

新富人也可以进一步划分为“暴富”和“渐富”两类。暴富是指那些突然获得财富的人，比如中彩票者、意外继承者，以及体育或娱乐明星通过代言或赞助获取了大量财富。他们对突如其来的财富往往措手不及，在财富管理方面缺乏必要的金融知识。这类新富人总体占比并不高。大多数新富人是通过长期努力获得财富的财富创造者，包括企业家、公司高管、专业人士等。这些新富人因为长期与金钱打交道，或者认为自己在所属领域内取胜的能力同样可以很好地面对来自其他领域的挑战，所以他们一般具有较好的决策能力，有更高的风险容忍度，乐于参与财富管理的相关事务。他们认为即使失去财富，也有能力再创造出来。他们通常都有很好的知识背景和专业能力，虽然愿意更多地参与财富管理的实际操作中，但常迫于时间压力而没有太多的精力去管理财富，因此在这类事项上，他们更倾向于得到专家的建议。

职业类别等

有些机构会采用职业来划分客户层次，以此选择不同的服务“模式”。较典型的职业划分标准是顾资（Coutts）银行①的客户细分方法，它将客户分为“高管人员”“专业人员”“文体明星”“暴富人士”“退休者”“国际人士”等诸多类型，并给予了非常精准的描述。本质上，这是一套考虑了个人生活方式（现实需求）及其致富途径（财富来源）的客户划分方法。

此外，客户通常还存在因性格特征导致的不同理财行为特征。全球最古老的管理咨询公司之一的博思艾伦咨询公司（Booz Allen Hamilton）就根据客户参与理财的热情程度不同，由低到高将客户划分为4类群体：放权者、参与者、选择者和超高净值客户，详见图2－6。

---

① 顾资银行是苏格兰皇家银行旗下的唯一私人银行，创建于1692年，主要客户包括英国皇室。

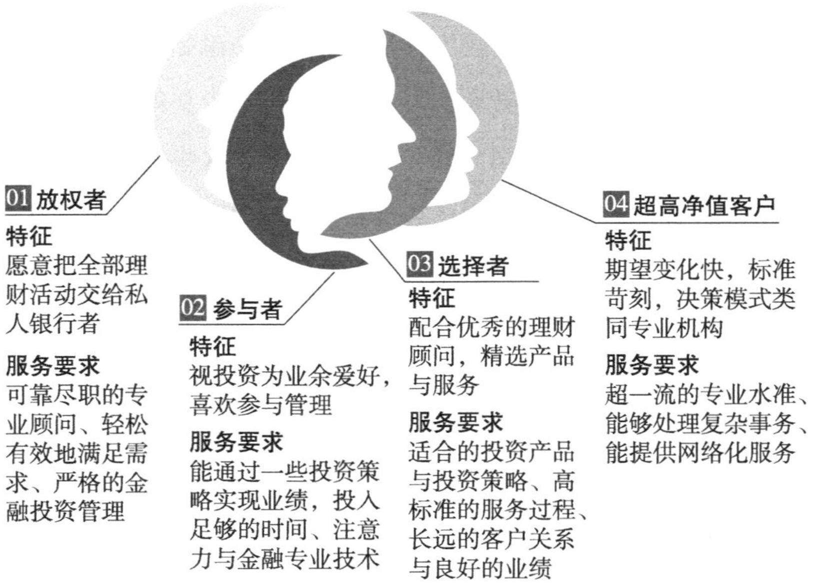

图 2－6　根据参与理财热情程度的客户划分

资料来源：Booz Allen Hamilton and Reuters. *Defining excellence in private client servicing*, 2003.

总之，综合标准被越来越多的理财顾问所采用，以便实现更加精准的客户画像，如图 2－7 所示。

一般标准

- 财富水平
- 理财习惯
- 风险承受能力

新标准

- 财富来源（新或旧/快或慢）
- 职业（企业主/明星/其他）
- 需要（退休人士）
- 理财态度（财富责任与理财意识）
- 理财参与度（放权或参与）

图 2－7　客户细分的多重标准

在哪座“矿山”深度经营我的客户

在对客户进行有效细分之后，理财顾问要判断各类客户群商业价值的大小，以及开发相应群体所需要的技术与资源等。

“谁是我的客户？如何最佳地配置资源？”理财顾问需要运用企业家思维，不断询问自己，审视自己的目标市场。只有选择合适的目标市场，才能取得有利的竞争地位，实现价值挖掘与利润创造。

目标市场选择步骤如图2－8所示。

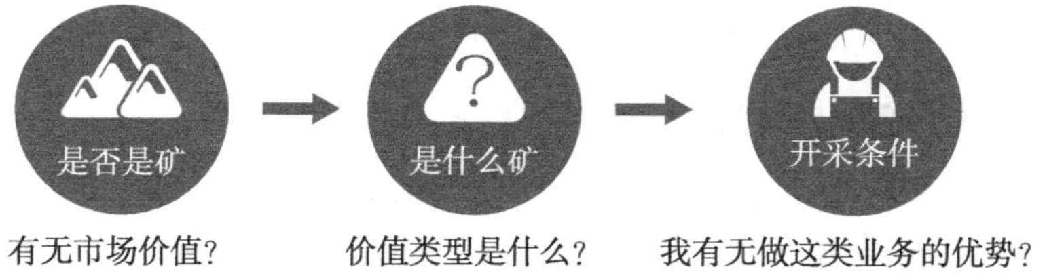

图2－8　目标市场选择步骤

缺乏目标市场意识，在一定程度上会削弱理财顾问的商业竞争力，而错误的目标市场选择及经营策略，更会导致理财顾问精力与资源的无端浪费。

在定位目标市场时，一个比较大的误区是过于追求“高大上”。

市场上经常会有一些从业者大谈家族办公室、家族信托，而从理财服务的实践来看，这些业务对于大多数顾问而言，其实非常遥远。

因为超高净值客户总量少，市场集中度低，获取信任的时间长，需要的资源整合能力强，对全球化渠道要求高，因此服务成本极高。一般而言，极富历史声誉的资产管理公司和财富管理机构，在将各种资源整合后才会提供这样的服务。

为什么超高净值客户不一定是好的目标市场？主要有以下原因：

理财行为高度机构化

超高净值客户理财资金量大，决策流程长，产品与服务类型要求高度个性化、定制化（如期限的选择、风险管理、退出方式等），而且业务一般与其商业经营活动相联系，要求诸如融资、企业咨询等服务内容。

生活方式国际化

超高净值客户的生活方式与资产分布高度国际化，要求理财机构/顾问能提供整体化的资产配置解决方案，乃至国际化的法律、税务等服务。同时，能够反映全球金融状况的研究报告也必不可少。

要求服务的时效性

超高净值客户习惯于高度个性化的服务，对时效性要求极强，需要任何时间、任何地点都得到回应和及时的信息。重大事件发生时，客户服务系统必须7×24小时响应。

理财服务专家团队化

超高净值客户需要富有洞察力的专家咨询服务，以突破自己的知识边界与时间限制。他们期待的并非单一金融领域专家，而是一个与其资产量相匹配的专业服务团队。

挑剔与低黏性

超高净值客户一般不会局限于某一位理财顾问或某一家财富管理机构，而是会选择多家机构管理自己的金融资产与事务。他们重视并有能力金融维权，理财顾问在对其服务中存在的闪失或者是不尽责，可能会把大生意变成自己职业成长的障碍。

图2－9对比了3种类型的高端客户对财富管理产品与服务需求的差异。

<table>
<tr><th></th><th colspan="2">超高净值客户</th><th colspan="2">高净值客户</th><th colspan="2">高端富裕客户</th></tr>
<tr><td>行为模式</td><td colspan="4">偏好面对面沟通，辅以内容翔实的报告，有“建议寻求行为”，如听取理财顾问建议，采用平衡投资产品组合</td><td colspan="2">偏好线下面对面沟通，辅以线上信息</td></tr>
<tr><td>渠道偏好</td><td colspan="2">私人银行（主）
第三方、保险、券商（辅）</td><td colspan="2">银行（主）
第三方（辅）</td><td colspan="2">银行、基金</td></tr>
<tr><td>产品偏好</td><td colspan="2">权益类产品居多</td><td colspan="2">权益类产品（境内）、固定收益类、股票、房产</td><td colspan="2">存款、房产、资本市场、银行理财等</td></tr>
<tr><td></td><td>热点</td><td>痛点</td><td>热点</td><td>痛点</td><td>热点</td><td>痛点</td></tr>
<tr><td></td><td>财富传承
专业建议
私人关系</td><td>家族信托
税务筹划
离岸产品
担心推销
佣金高产品</td><td>财富保值与增值
专业建议
品牌</td><td>离岸产品
全权委托
移动互联网</td><td>财富增值
高回报产品
专业知识
财务规划</td><td>大量产品和投资咨询
综合财务规划
没得到机构足够重视</td></tr>
</table>

图 2-9　3 种类型高端客户对财富管理产品与服务需求对比

资料来源：贝恩公司，Datamonitor，胡润，由作者整理。

对于一般理财顾问而言，超高净值客户市场集中度较低，服务标准苛刻，这样的目标市场并不是多数顾问的最优选择。

专栏 2-1

中国高净值客户的构成与配置特性①

中国高净值人群大多是在改革开放下成长起来的第一代富人，主要集中于私人企业主，地域特征显著。

“70% 左右是私营企业主；其次是专业投资人，他们中

① 资料来源：李凌，郝治军，周莹，等．中国式财富管理链中端价值［J］．新财富，2010（11）：54-65.

的大多数通过资本市场实现了私人财富的大幅增长，但占比较少；排名第三的则是最近二三十年成长起来的职业经理人、企业高管和专业人士。另有少数的高净值人群则是全职太太、退休人士、演艺明星和体育明星等。”据贝恩公司大中华区金融业务主席庄瑞豪介绍，总体来讲，中国的富裕人群以可投资资产在5 000万元以下的个人为主，可投资资产在1亿元以上的个人仍属凤毛麟角，企业主占了这部分超高净值人群的大多数。

与欧美等发达国家依托专业机构理财方式不同，这些第一代富人更倾向于亲自操作，或在信任的人管理下将个人财富投向国内的股市、房地产、基金等自己比较熟悉的领域。

中国高净值人群中约60%选择由自己或家人管理自身的投资资产；他们选择的第二大理财渠道则是商业银行的普通理财服务（约20%）；私人银行在近两年快速发展，但其客户相对来说仍只占很小的比例（约5%），尚未超越普通理财服务。

在风险偏好方面，由于受自身认识、资本市场欠完善等诸多因素的限制，国内财富所有者对风险的偏好程度明显弱于欧美等发达国家的富人群体。欧美发达国家财富拥有者对股票等高风险金融工具钟爱有加。

庄瑞豪称，由于受制于中国金融业的发展水平、相关法规管制、习惯等因素，中国私人财富目前的金融资产配置较为简单，大部分是以现金形式存在，不能积极生财。此外，由于股票良好的流动性，中国富人对股票也开始表示出一定程度的青睐；房地产也是他们的主要投资工具。

由于受到金融业发展水平的限制，中国目前的投资工具相对较少且欠完善，客观上限制了投资者可选择的投资对象。保险、债券等投资品种在中国相对其他金融工具收益不高，也难以激起富人群体的投资欲望，所占比重一直不高。

同时，由于中国对资本项下的外汇进行严格管制，使得富裕人群几乎难以投资境外资产。庄瑞豪称，中国富裕人群目前90%的投资都在国内，这与欧美发达国家形成鲜明的对比。

适合多数顾问的“矿山”：富裕阶层

从国内大多数理财顾问的专业能力与业务资源来看，年收入10万元以上的中产阶层及可投资资产100万元以上的富裕阶层更加适合作为目标市场。其中，可投资资产在100万～1 000万元的客户非常有吸引力，服务他们不需要像超高净值客户那样复杂。

行业中将可投资资产超过100万元人民币的人士称为“微富人”。据统计，中国的“微富人”群体已超千万，人均可投资资产达到133万元，而这一群体正在快速增长①。

如果描述按财富水平细分市场的市场特征，那么财富水平与人口规模的关系可用图2－10中的曲线表示。

图2－10为我们展示了基本的“矿山”价值与“采掘”条件。

---

① 资料来源：庄毓敏．中国财富管理报告2015［M］．北京：中国人民大学出版社，2016：135-136.

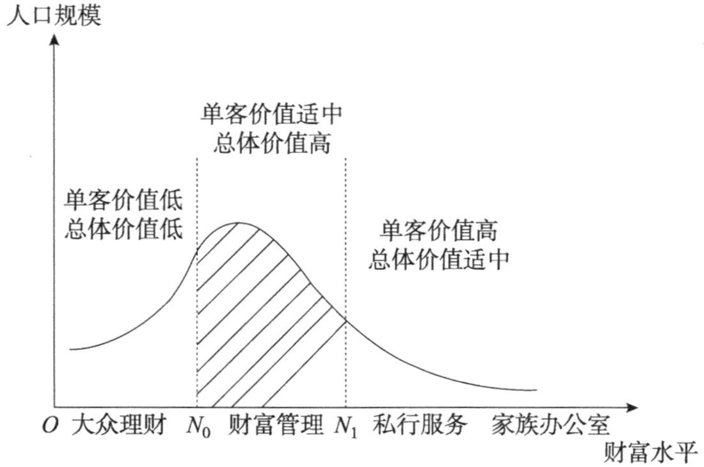

图 2－10　财富水平与人口规模的关系

N_0左侧区域：该区域的客户处于无财可理或只有少量资金的状态，这块市场无论是单客价值还是总体价值都很低，不能给理财顾问带来显著利润，顾问在这一区域几乎难以开展业务，故应放弃这一部分。

N_1右侧区域：该区域的客户虽有较高的财富水平，但他们的数量很少，且需求非常复杂，通常需要整合更多的资源，服务成本也十分高昂，多数理财顾问个体并不适合。

N_0—N_1区域：该区域的客户财富水平虽然不是顶级的，但属于财富量级相对较多的群体，具有一定的理财需求与动机。而且，在橄榄形社会财富构成中，该区域的人群占比最大。

因此，理财顾问应着重考虑 N_0—N_1 区域。这一区域的左侧是中产阶层，侧重标准化建议与产品服务；右侧是富裕阶层，侧重于理财规划与资产配置服务。区域内单客价值适中但总体价值高，对理财顾问而言是最适宜定位的目标市场区域。

专栏2-2

中端——未来制高点与利润发动机[1]

与欧美国家传统的理财市场相比，在私人财富的急剧膨胀中，中国出现了一个日益庞大的中端理财群体，这一群体的构成主体是中产阶层。

麦肯锡发布报告称，2015年中国年收入25万元以上的富裕家庭，将由2010年的160万户增长至400多万户，成为仅次于美国、日本和英国的全球富裕家庭数量第四的国家。欧睿信息咨询公司的研究显示，到2020年，中国这一人群将达到7亿人。

而根据国家人口发展战略研究，2020年中国人口约达14.5亿。也就是说，届时中国中产阶层人数将占到总人口的48%以上。而在发达国家所谓的“后工业社会”，中产阶层占了总人口的80%。

但不同的是，正如伦敦经济学院社会学教授理查德·塞尼特（Richard Sennett）所言，为了拉动消费，欧美中等收入家庭一直在堆积债务，其理财需求更大层面在税务及保险等规划，以及利用国家的各项优惠政策进行养老规划。而中国的中产阶层则需应付养老、医疗、子女教育、保险等全方位的财富管理问题，从而形成一个潜力巨大、独特的中端理财市场。

从长远来看，中国正处于转型时期，原因在于工作、

① 资料来源：李凌，郝治军，周莹，等．中国式财富管理链中端价值［J］．新财富，2010（11）：54-65.

家庭、社会等方面的压力。《2010年北京社会建设分析报告》显示，在中产阶层内部，只有170万人即30%左右处于中上层，还有近70%处于中下层，面对工作和生活的双重压力，用并不高的收入水平面对房产、汽车等大宗消费，成为“房奴”“车奴”。

另一方面，中国的社会保障制度尚待进一步完善。数据显示，目前，全国养老保险金平均替代率为41.4%，并呈逐年下降趋势，而2008年广州地区的养老保险金平均替代率仅有37%。对于收入较高的中产阶层，未来社保替代率可能会低于30%。

这意味着要想达到退休后替代率为60%~70%的目标，约40%的养老金都需靠自身投资等渠道来积累。在目前社会养老保障体系还不健全的环境下，为了过上舒适、幸福的退休生活，给自己增加更多的经济保障，中产阶层将滋生强烈的投资理财需求。

国内银行的白热化竞争，将推动中端理财市场不断朝个性化、综合化、品牌化与国际化方向发展。

个性化

随着中端理财市场竞争的加剧以及理财规划师群体的成熟与成长，理财机构将根据客户的需求开发服务新产品，有差别地、选择性地进行金融产品的营销和客户服务。对不同等级的客户提供不同的服务，把有限的资源用于能为自身业务带来巨大发展空间和市场的重点优质客户。对中端客户实行真正意义上的个性化服务——理财顾问通过帮助客户制定理财规划、出售相关金融产品，帮助客户实现理财目标。这种顾问式的财富管理服务将逐步成为国内中端理财服务个性化的发展方向。

综合化

在提供个性化服务的同时，未来中国的财富管理将逐步朝综合化服务方向迈进。目前，由于中国金融业仍是分业经营，而各类第三方理财机构尚未能支撑起市场的一角，在渠道、资本实力上也远远不能与国有金融机构相提并论，这使得目前中国的财富管理市场在提供综合化服务方面与国外还有很大的差距。

品牌化

个性化与综合化理财服务的不断升级，必将推动中端理财服务品牌化，具体表现为理财产品与理财团队的品牌化。

因此，随着理财顾问的专业化知识、能力与经验的成熟与完善，产品和服务的差异性不断增强，品牌因素在个人理财服务的市场竞争中将越来越重要，理财服务将从同质化服务向品牌化服务转变。

国际化

提供国际化理财服务也将是未来中端理财市场的必然趋势。由于受到外汇管制以及文化差异的影响，再加之次贷危机给外资银行带来的信任危机，国内私人财富离岸投资比例较少，只占 10% 左右，远低于欧美发达国家——美国约为 20%，欧洲则高达 30%。

而且，目前这部分离岸资金多是出于移民、子女留学的目的，并非用于投资。然而，随着资本项目的日趋开放，国内对外投资的渠道将不断增加，届时，中端理财客户的境外资产配置将逐步上升，理财服务的国际化将成必然趋势。

五座富人“矿山”并非都一样

在理财实践中，一个基于行为学的客户划分标准与理财业务开展息息相关，它主要包含“金钱态度”与“理财自信度”两个要素。金钱态度决定了客户愿不愿意理财，而理财自信度则决定了客户愿不愿意接受专业理财。

有的人原本就没有认识到财富需要打理，更不会寻找理财顾问。有的人则觉得任何一分钱都应该被认真对待。其中，一部分人觉得理财自己就能做，故不存在求助于顾问的动力；另一部分人重视理财，但觉得自己不能很好地驾驭，所以他们更为重视专业理财顾问的建议。

由此，富裕客户可以被划分成5类：街坊型富人、挣扎型富人、特立独行者、领导型富人，以及赞助型富人，如图2－11所示。

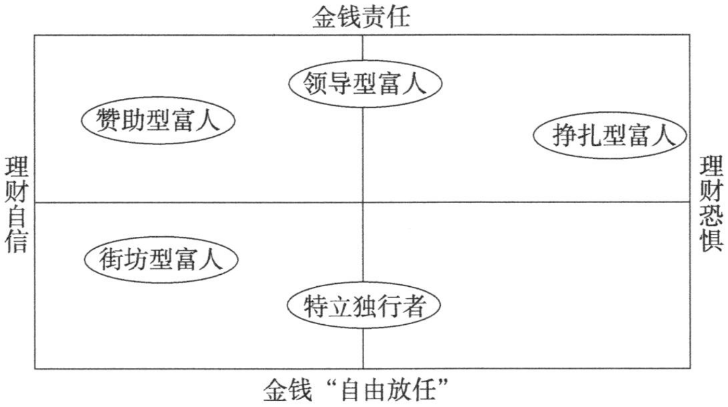

图2－11　依金钱态度与理财自信度不同划分的5类富人

资料来源：TAYLOR，HARRISON，KRAUS. *The new elite：inside the minds of the truly wealthy*. New York：American Management Association，2008.

结合多年金融营销实践，这里我们将基于理财顾问视角，就中国财富管理市场中这5类富人的特点做进一步探讨。

街坊型富人

街坊型富人——朝你迎面走过来的这位大妈，可能有10套房子。

典型特征：金钱责任感不强烈，理财自信心较强。

街坊型富人的内心独白：“即使我有钱，我还是会保持正常的消费习惯。”

这是中国富裕人士占比最多的人群。这一群体主要包括部分国家公务人员，以及大型国企的中高层管理者。他们拥有早期的福利性分房，工资收入水平相对较高，因此有一定积蓄。在金融产品相对匮乏的年份，他们将多数积蓄投入房地产市场。随着中国经济的快速发展，房地产市场高速增长，该群体所拥有的个人及家庭资产按照财富水平来说属于富裕阶层。

但是他们就像普通的邻居一样，外在表现与行为模式很难与公众富人印象对应起来，他们自己也从不觉得自己是富人。

他们可能拥有几千万资产，但是照样出入街区菜市场，乘坐公交车，孩子上公立学校，生病了去公立医院，穿衣打扮很少看到大牌，旅游不一定到国外。他们按需消费，从不乱花钱；喜欢打折产品，认为奢侈品肤浅又浪费；注重理财，但是相信自己的理财能力；过着典型的不露富的低调生活，认为自己是注重精神的人，不相信钱能买到幸福；自认为拥有和谐的家庭生活，不担心孩子价值观突变。

理财顾问沟通注意事项：

与这类富人打交道，切忌抛给他/她太多的新理念。他们对于新颖的财富管理理念和生活方式并不感兴趣，对于未来的生活规划，通常不追求极致的品质。基础性的规划反而更受他们的青睐。

沟通过程宜用较为舒缓的节奏，你应表现得富有亲和力，让他们觉得一切都是那么自然。他们对顾问的认同往往出于生活上、情感上的认可。

伴手礼是拉近彼此关系不错的选择，礼物千万不可奢华，要突出其专属性、实用性。这类富人更喜欢限购、份额有限的促销活动，不喜欢被昂贵的礼物“绑架购买”的感觉。

挣扎型富人

挣扎型富人——财富带给他们的冲突和焦虑，甚至多于轻松和享受。

典型特征：金钱责任感较强，但缺乏理财自信心。

挣扎型富人的内心独白：“我重视财富，以此为荣；但又因此焦虑，担忧它是否可持续。”

部分社会新贵（new rich/new money）即属于此类。改革开放至今，中国的社会结构急剧变化，一部分人因为具有前瞻的眼光和胆识，下海创业，利用资源禀赋、制度变革及忘我工作，短期内积累了大量财富，成为先富的一部分人。

这些新贵的财富是短时间内创造出来的，因而他们在价值观、生活方式、社交等方面跟那些缓慢成长起来的富人并不一样。由于缺乏管理金钱的成熟经验，他们对带来财富激增的变革、对突如其来的品质生活充满不适。

金钱之于他们，不但没有减轻反而加剧了他们在致富以前就有的生活焦虑。他们对未来既充满信心，又充满忧虑，因为他们的致富过程充满了偶然性。他们因变革而富，也可能因变革而失去，所以内心始终处于“挣扎”之中。

他们没有足够的时间留给自己和家人，感觉金钱让生活变得更复杂；认为自己不够快乐、精神不富足甚至空虚，但又不笃信宗教；担心孩子的价值观、金钱观是否正确；想用奢侈品暗示自己的成功，表明自己的社会阶层，同时又担心是否过度炫耀。

理财顾问沟通注意事项：

与这类富人交往，以退为进是上策。一方面要帮助他们挖掘其内心的恐惧来源，分析风险诱因；另一方面又要默认他们能够驾驭复杂局面，给予他们财富身份上的优越感与被尊重。理财顾问要处理好这类客户身上很多冲突性的方面。

此外，你要努力提高自身的修养，通过不经意地展示学识，可以获得这类客户的敬佩，从而建立专业信任。送他们礼物时要强调限量版，增加稀缺感、指向性，更易得到他们的认可。

特立独行者

特立独行者——成功轨迹与财富创造的经历，让他们更加笃信自己。

典型特征：金钱责任感不强，理财比较自信。

特立独行者的内心独白：“我创造了财富，也能很好地驾驭财富。”

这类富人主要有各类专业型人士和创业者，他们的财富源于知识经济的到来。

近几年，随着科技创新与大众创业，诞生了一批科技新贵。他们具有优秀的教育背景，白手起家，依靠自己的才华和奋斗获得成功。这些人成功较早，年龄较轻，没有丰富的人生阅历，很多尚未遇到来自社会、商场、家庭乃至健康等方面的真正的考验。他们对未来踌躇满志，雄心勃勃。

他们勇于探索未知之路，具有冒险精神，愿意在自己的爱好上孤注一掷，具有较好的商业意识，乐于接受吸引他们的挑战，即使不在自身擅长的领域内。他们的消费行为很少是为了炫耀，而更有目的性。他们高度关注自我，但不认为自己在所有方面都出色，会欣赏其他专业人士。

他们对金钱的责任感较弱，认为即便失去一切，仍可以从头再来。但是，一旦遭到重大打击，却可能会由激进迅速转为保守特征。

律师、医生、会计师等专业人士，也多属此列。

理财顾问沟通注意事项：

他们的一切行动或决策都更多地基于事业，因此在与这类人交往时，所有的话题更适合围绕“梦想”展开，这将会极大地吸引他们的关注。

他们如果重视资产的保护，更多是基于发生意外事件很可能会影响他们事业的进程，阻碍了梦想的实现，虽然他们也会适当考虑事业中断对家人生活的照顾，但这并不是重点。在他们看来，事业和梦想甚至比生命更重要。他们非常重视子女教育，注重子女的个人意志与品质培养。

领导型富人

领导型富人——意见领袖，具有很强的独立思考与判断能力，对他人同对自己一样有非常高的要求。

典型特征：金钱责任感极强，理财自信心适中。

领导型富人的内心独白：“我乐于接受有可塑性的人，并见证他们因我而成长。”

这类富人在普通理财顾问的客户中占比相对较低。他们一般乐于成为意见领袖、精神偶像。这是当财富积累到一定阶段时一些人所追求的状态，他们希望通过更强的、格外的力量来影响世界。有人诉诸政治，有人诉诸文化，有人诉诸艺术。

领导型富人是那些领导公司业务、担任企业董事、保持有权有势的人脉关系网及缔造家族王朝的人。这类富人愿意帮助有发展潜质的人，他们认为成就别人是一件高尚的事情。

理财顾问沟通注意事项：

这类富人可遇而不可求，因此当遇到时，要把他们当成贵人，当成良师益友，而不是仅仅想要他们成为你的客户。在他们面前，要展现你最光辉、最优秀的一面，让他们看到你是一个追求理想、坚韧不拔的人。

他们更可能是一个好的转介绍人，因为他们的领导特质会影响周围的大多数人。如果他们愿意为你介绍生意，那将带给你更多的市场空间。能获得他们的信任，证明你的人格和专业都经得起考验。这种信任应被细心呵护，不可轻易透支。

赞助型富人

赞助型富人——对于一些人来说，赚更多的钱只为向世界释放更多情怀。

典型特征：金钱责任感强烈，理财高度自信。

赞助型富人的内心独白：“慈善与公益是我对社会最好的回报。”

这类富人在生意上打拼多年，获得的成就感已不再新鲜，他们需要更富有挑战性和激动人心的事，慈善成为他们关注的焦点。他们不仅仅是在慈善上付出金钱，还付出时间、情感和影响力。

他们享受奢侈品的价值，但并不以奢侈品定义自己。他们认为自己快乐、满足，充满感恩之心，与家庭、朋友及有社会影响力的社交网络联系密切。

目前，理财顾问遇到的客户中，这一类型的富人通常较少。一般而言，他们的资产量级都处于财富金字塔的塔尖。

理财顾问沟通注意事项：

如果在不经意间他们了解到顾问也是乐于公益事业的爱心人士，则会超越工作关系看待你，给予更多的价值观上的肯定与认同。如果这类客户对你正在做的公益事业感兴趣，不妨邀请他们一起加入。

在中国，以上5类富人中前3类占了绝大多数，后两类也在增长中。只有了解不同类型客户的偏好与需求，结合自身的优势，理财顾问才能准确定位自己的利基市场，采取有效的营销和经营策略，精耕细作，与客户一同迈向成功。

客户商业化经营

高质量客户群的建立，需要理财顾问大量的时间和金钱投资，但他们也是竞争者日夜觊觎的对象。理财顾问要努力提高目标客户的利润贡献，特别要做好已有市场份额的保护，防止客户流失。

进行了客户细分，锚定了目标市场之后，理财顾问接下来要做的就是针对这些目标客户进行有效的客户价值管理（Customer Value Management，简称CVM），从而创造更多利润。

客户价值分为既成价值、潜在价值和影响力价值，如图2－12所示。

既成价值，体现在客户当前所表现出的状况中，比如其所拥有的资产量级、已购买的产品和服务、对顾问的信任度、对服务的满

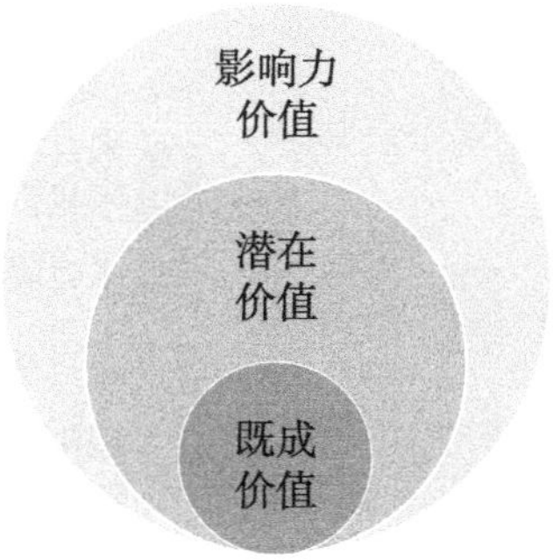

图 2－12　客户价值解析

意度等。

潜在价值可以从成交数据中得到体现，反映客户是否具有持续的购买力，是在一笔业务成交后很难再有合作，还是授权的财富量级会慢慢增加？换言之，潜在价值是指如果客户关系得到保持，客户可能在未来进行的增量购买给理财顾问带来的价值。

当客户对理财顾问的产品和服务高度满意时，不仅仅是他们自己会继续购买，还会通过他们的引荐影响其他客户，促使其他客户前来购买，这种价值称为影响力价值。影响力价值体现在该客户是否愿意将自己信任的理财顾问推荐给身边的人。

既成价值与潜在价值反映的是客户的市场潜力，影响力价值反映的是客户的资源潜力。

客户的市场潜力和资源潜力对利润具有重要影响，如图 2－13 所示。

传统的客户关系管理（Customer Relationship Management，简称 CRM）更多是针对客户的既成价值而言，旨在提高满意度，减少客户流失。而客户价值管理则更深入，旨在挖掘客户的潜在价值，并基于满意度实现客户推荐。它是一个主动、持续的过程。

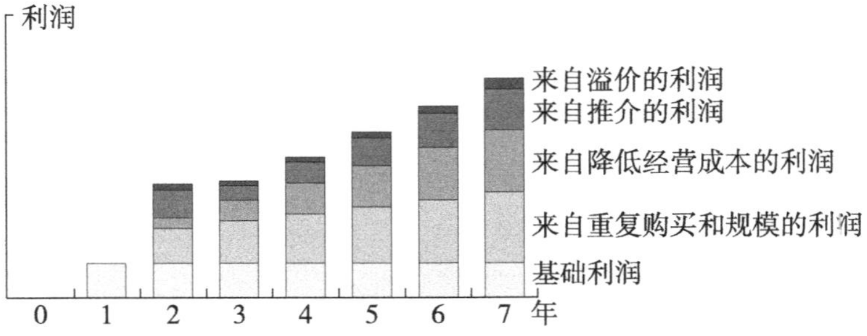

图 2－13　客户市场潜力与资源潜力对利润的影响

资料来源：科勒迪. 私人银行：如何于竞争性市场上实现卓越［M］. 张春子，译. 北京：中信出版社，2015：102.

创造出众的客户体验

相比 CVM，理财顾问听得更多的是 CRM。CRM 诞生于美国，在 20 世纪 90 年代开始的互联网和电子商务大潮中得到迅速发展。

CRM 这个术语的产生体现了两个重要管理趋势的变化：首先是企业从以产品为中心的模式向以客户为中心的模式转变，其次是企业管理的视角从“由内向外型”向“由外向内型”和“内外互动型”转换。①

作为一种商业策略，CRM 的逻辑是，按照客户的分类情况有效组织企业资源，培养以客户为中心的经营行为，以及实施以客户为中心的业务流程，并以此为手段来提高企业盈利能力、利润及客户满意度。它主要建立在数据处理与分析的基础之上。

IBM 公司认为，CRM 能帮助企业与客户建立起长期、稳定、相互信任的密切关系，从而吸引新客户，维系老客户，提高效益和竞争优势。

---

① 资料来源：王永贵. 客户关系管理［M］. 北京：北京交通大学出版社，2007.

CVM 与 CRM 的区别是什么？它们是什么关系？弄清这些问题对于理财顾问了解 CVM 的价值非常重要。一句话概括：CVM 是高级版本的 CRM，是 CRM 成功应用的基础与核心（见图 2-14）。

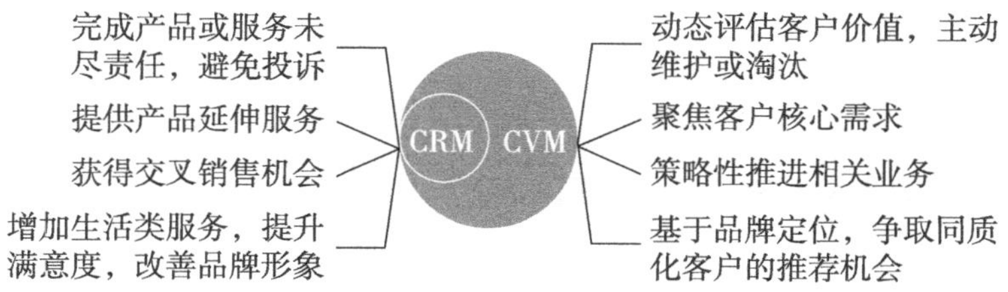

图 2-14　CRM 与 CVM 的关系

CRM 是一种服务系统，而 CVM 则是一种经营系统。服务往往意味着成本，经营背后代表的是利润；服务往往是被动行为，经营往往是主动行为。CRM 基于特定事实，CVM 基于理财顾问的主观意愿。比如，有的客户当前没有价值，要不要放弃服务？有的客户可能潜在价值很大，是否要报以长期经营心态？如何确定客户经营的标准及管理频率？

重视 CVM 的意义显而易见，因为财富管理服务通常贯穿于客户整个生命周期，或许长达数十年乃至数代人。

微观上看，客户（准客户）的收入变化、家庭结构变化、投资理念变化等，宏观环境中的制度变化、政策变化等，都可能推动其产生新的金融消费需求，甚至客户（准客户）上进或懈怠都将影响他现在和未来的商业价值。比如，具有不良习惯、生活放纵的人，其财务破产的可能性就较大。

从实际操作层面看，从 CRM 到 CVM，不仅仅是转变理财顾问的工作内容，更是升级理财顾问的经营哲学。

需要指出的是，我们在这里并非要摒弃 CRM。CRM 用数据呈现和分析，描绘理财顾问看不到的真实情况。然而，在客户经营时更需要主动式管理，并赋予经验式理性判断和取舍。理财顾问要与客户保持良好的互动（关系）。在复杂的客户接触过程中，要明确彼此的商业关系，提供核心服务，升级客户认知，从而实现重复购买与转介绍，最大化其商业价值。

构建 AAA 客户池运营体系

CVM 强调价值的来源和驱动因素，关注在客户细分市场中，每一个客户或潜在客户的价值，而不是整体的市场份额。

这种价值不仅包括客户的货币价值，更包括客户在情感、思想和能力等方面的价值，尤其重视客户的推荐价值；不仅包括客户的当前价值，还包括长周期里客户的潜在价值。

理财顾问在实施客户价值管理策略时，重点要在 3 个环节上着力：客户数量、客户质量、客户关系深度，见图 2－15。

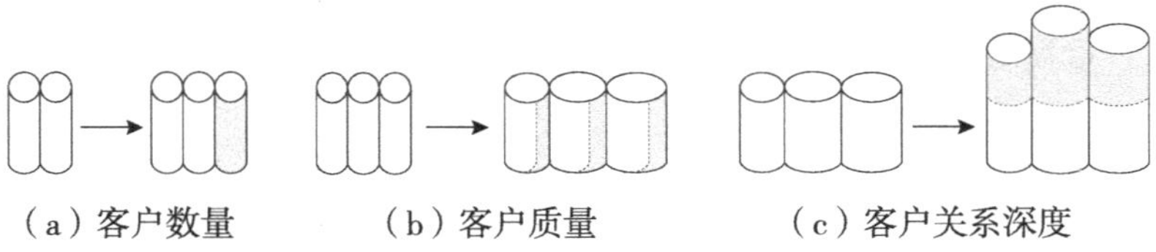

图 2－15　客户价值管理的 3 个维度

实现客户价值管理的 3 个有效途径是：获取客户、经营客户及管理客户。具体来说，它是通过采取恰当的策略来吸引、维系客户并深入挖掘客户潜力，以客户为中心，通过高质量的客户服务来促进客户商业价值的最大化实现。

获取客户——增加客户数量

获取客户是商业经营成功的不二法则。因为企业或理财顾问无法保证客户不流失，所以开发新客户，增加客户数量，是客户价值管理的重要内容之一。

传统上获取新客户的渠道主要是通过营销活动和已有客户的推荐。20 世纪 90 年代，理财业刚刚兴起，多数顾问继承了传统的金融营销甚至推销的经验，通过广告、电话、公关等手段开发新客户；有一定人脉资源的顾问，则通过熟人推荐来拓展客户。

即便到了今天，这些传统的方式依然有效，但是诸如培训式营销、异业联盟、自媒体营销等方式也开始兴起。

基于客户价值管理的思路，理财顾问需要获取的不再是单纯购买意义上的客户，而是有利可图的目标客户。所谓有利可图的客户，是指能为你持续创造规模利润的客户。这里说“有利可图”，并不想就商业伦理进行探讨，而只是从顾问职业化层面进行客观评述。

客户从何而来？方法自然有很多种。其中，建立“V－30[①] 客户档案”和转介绍中心是切实可行的两条重要路径。需要指出的是，前者更适合刚入行的新人，后者更适合具有一定专业能力的资深顾问。

V－30 客户档案：筛选出价值客户

在实践中，理财顾问可以通过利用简洁的工具和方法，与潜在客户更快建立起业务关系。V－30 客户档案（表 2－1）被证明，是筛选客户与营销推动的有力工具之一。

① V－30：理财顾问基于自身状况理性定位的 30 位“有价值”客户，简称 V－30。

表 2-1　理财顾问的 V-30 客户档案

我承诺在______年______月之前达成______个高净值准客户！							
序号	客户姓名	年龄	职业	可投资金额	投资经历/偏好	资金状态	备注
1							
2							
3							
4							
5							
6							
7							
8							
9							
10							
11							
12							
13							
14							
15							
16							
17							
18							
19							
20							
21							
22							
23							
24							
25							
26							
27							
28							
29							
30							

在定位了目标市场，用5类富人标准（或其他标准）选择更细分的客户群后，理财顾问要进一步从中找到有利可图的客户。第一，他有财可理，此项看的是“可投资金额”；第二，他有意愿理财，此项看的是“投资经历/偏好”；第三，他当前有理财需求，需要你即刻提供解决方案，此项看的是“资金状态”。

V-30客户档案主要包括以下7项内容：

1. 客户姓名：准客户的基本信息。

2. 年龄：判断人生阶段及家庭构成，了解可能存在的理财需求及潜在风险。

3. 职业：不同的行业与职务决定了其对于专业理财的接受程度。

4. 可投资金额：（1）判断业务可能性、利润以及客户关系维护成本；（2）提前规划与之匹配的产品类型。

5. 投资经历/偏好：（1）了解风险偏好；（2）了解理财特征与个性。

6. 资金状态：（1）了解是否能直接对接产品与服务；（2）提前准备规划方向。

7. 备注：其他与客户相关的信息，判断潜在价值与影响力价值。

重视这个表单，不断完善和调整表单上的准客户姓名，大多数顾问都可以快速建立起一个有价值的客户池。

虽然看上去每个准客户仅有7项资料需要填写，但是，当这7项内容被填写完整时，你会惊奇地发现，这个准客户很快就会成为真正的客户了。

最重要的事情是，理财顾问每天的工作应以检视此表开始，并安排与之相关的工作。同时，实时更新此表，不断增加或删除相应数据。

转介绍：一台自动旋转的“机器”

大多数优秀顾问都表示，最值得努力的客户获取方式就是现有关系人推荐。理财顾问在业务起步阶段，自主开发新客户是关键；而在建立业务后，关系人的介绍将成为主要的获客方式。

根据推荐人不同，客户推荐可以划分为两类。一类是由现有客户进行的推荐，也就是通常所说的转介绍。转介绍客户通常是与介绍人属于同一个领域或圈子的人，因此对顾问认可度会比较高，成交速度非常快。但这种方式的局限性在于，转介绍客户很难突破原有的客户圈层。

另一类是由专业人士进行推荐，比如通过律师、会计师、外部投资经理、心理咨询师等，他们的客户群体往往也是一些高端富裕人士。这种推荐的前提是必须与专业人士之间建立比较深度的信任关系。理财顾问可借由推荐人的人格背书迅速获得潜在客户对自己的信任。

此外，随着互联网科技的进步，营销的环境和方式都发生了显著变化。例如，基于移动互联的场景营销、知识分享等方式正在流行。

理财顾问要创新营销方式，与客户建立多方位的有效链接，树立自身品牌形象。比如，利用好微博、微信、脸书等社交网络，宣传科学的知识理念，更快地覆盖潜在理财客户，并实现专题教育等，提高知名度与美誉度，打造个人品牌。当然，成功营销需要审时度势，保持克制，善用新工具，不要做拖累你销售的营销。

深度经营客户——提高客户质量

正确的客户经营可以带来显著的利润增长。研究表明，获得一个新客户的成本是维护老客户成本的 6 倍。因此，理财顾问应重视对现有客户资源的挖掘。

终生服务的业务管理理念

国内不少理财机构把大量资源投放在不断寻找新客户上，以求“广种薄收”。反观国际成熟机构，它们普遍采用的是“客户全生命周期价值管理”或称“客户终生价值管理”模式。处于人生不同阶段的客户，其理财需求不同，对应于不同的产品和服务侧重点（如图2－16所示）。具体来看，这种业务模式围绕客户不同人生阶段，提供着“持续、连贯和有针对性及自我存续型”的组合性资产负债服务，帮助客户实现人生各个阶段的财务目标。

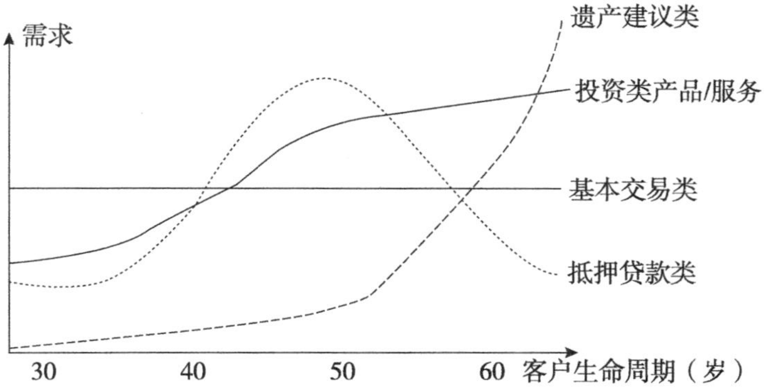

图2－16　客户生命周期与理财需求及对应的产品和服务

资料来源：MAUDE. *Global private banking and wealth management: the new realities*. London: John Wiley & Sons, Ltd., 2006: 68.

这种模式强调对客户关系进行精细化管理，深入了解客户不同人生阶段的各类需求，然后以“交叉销售”的方式强化现有客户关系。

所谓“交叉销售”，就是理财顾问利用与客户在某项已开展业务上建立的既有关系，有针对性地销售其他相关产品和服务。交叉销售有利于顾问巩固现有客户关系，带来的结果通常是客户持续购买，顾问拥有客户更多的“钱包份额”（Share of Wallet，简称SOW）。

钱包份额是指在一定时间内，客户与特定交易对象的交易量占其同类交易总量的比重。理财顾问的努力方向之一就是争取占据客户可投资资产的更大份额。

在"客户终生价值管理"的思路指导下，客户关系会随着时间推移和财富的增长（或消耗）而变化。理财顾问与客户的关系从单笔业务，转变成以客户生命周期为主线的深度信赖关系。理财顾问也能专注为目标客户提供终身甚至是跨代际的综合性服务，双方的关系因此变得长久且互利共赢。

客户终生价值管理的经营理念，可以有效提高单一客户的利润贡献。特别是既成价值较小但潜在价值较高的客户，不会因静态细分标准而被排除在目标客户列表之外。

博思艾伦咨询公司归纳了实现卓越客户价值管理的步骤，见图2-17，值得理财顾问学习与借鉴。

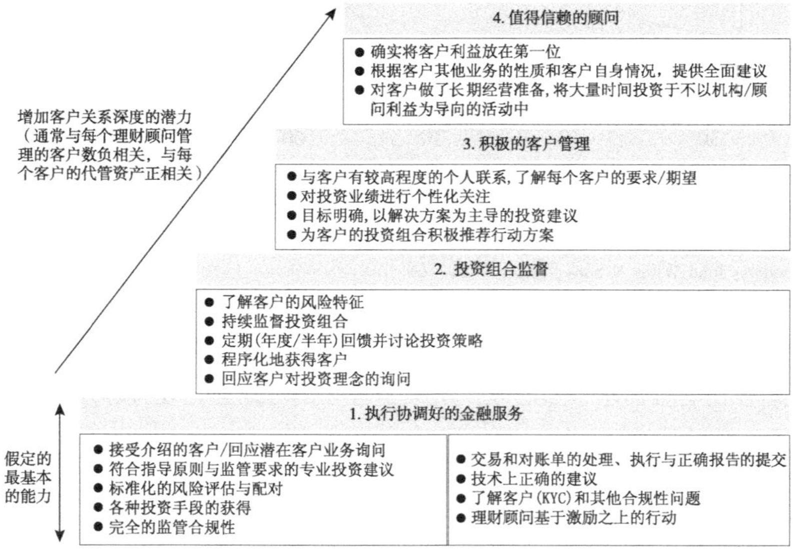

图2-17　实现卓越客户价值管理的步骤

资料来源：Booz Allen Hamilton，Reuters. *Defining excellence in private client servicing*，2003//MAUDE. *Global private banking and wealth management*：*the new realities*. London：John Wiley & Sons，Ltd.，2006：131.

培训式营销

培训式营销是通过提高消费者某种知识或技能的方式来培育和锁定消费者，进而实现产品或服务销售的营销方式。它越来越多地在金融领域受到从业者的青睐。

在财富管理领域，培训式营销重在帮助客户建立科学的财富管理理念，协助其发现所存在的财务风险，向客户传递他们能接受的服务方式，激发其理财意愿，锁定购买需求，建立顾问信赖。

传递“价值感”与建立“信任度”是培训式营销的两大动因。

理财顾问需要为客户带去持续的“价值感”。客户从顾问这里可以获得他需要的专业信息，让客户感到自己很重要；让客户了解，衡量理财顾问优劣的标准并非一些所谓的“增值服务”（如赠送演唱会门票、帮他们遛狗），而应该是评判顾问的专业能力与职业操守。

客户愿意持续购买产品和服务，并乐于为你介绍更多的客户，这些都建立在他对你专业与人格的双重信任之上。而这些正是区隔竞争对手的有效壁垒。

要向客户传递“价值感”，与客户建立并强化对你的专业信任，进而产生更多的购买，顾问可以采用多种方式。从业务经营来看，培训式营销是一种非常有效的方式，它也是一些优秀理财顾问的重要客户开拓渠道。

培训式营销能实现“一对多”销售，通过向客户系统化传递有价值的资讯与知识，并借此导入金融产品的相关理念，激发客户的购买意愿，如图 2－18 所示。

在特定的场景中，理财顾问不再是仅以个人形象出现，而是可以向客户展示其背后的专业团队，这样会极大地增加客户的信任度，同时培训现场也为现有新客户推荐提供了方便。

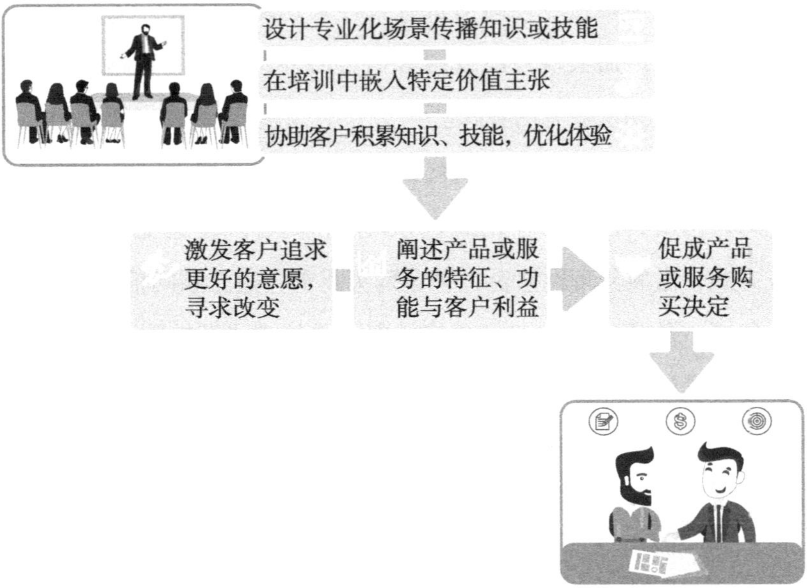

图 2-18　培训式营销原理示意图

专栏 2-3
财富管理“培训式营销”主题一览

- 年度高净值家庭资产配置策略。
- CRS 背景下的全球资产配置。
- 律师教你买保险。
- 新三板投资机遇与风险管理。
- 远离有害的理财毒丸。
- 小小巴菲特：现金流游戏的智慧。
- 传递财富传递爱。

电子邮件营销

也许有人会怀疑，在社交媒体如此发达的今天，发电子邮件是不是太“老土”了？其实，正是因为当下信息泛滥，系统知识与独立观点才显得弥足珍贵。与此同时，人与人之间的联系太容易实现，反而令电子邮件或是纸质信函变得更显商务范与真诚。

与现场培训或专题研讨会不同，电子邮件方式可以更便捷地接触客户，同时又是节省成本的好办法。

利用电子邮件展开营销，邮件的内容在设计上需要注意以下几点：首先，重点突出，简洁明了，让客户可以在 1 分钟之内读懂，获得你最想传达的信息，并让客户易于做出回应，方便与你取得联系。其次，一封邮件应只传递一种信息，避免混淆，并有规律地发送，不要让客户觉得被打扰，而应是得到了某种特殊照顾，予以回应成为客户下意识的礼貌行为。

专栏 2－4

连线海外——邮件猩猩

邮件猩猩（MailChimp），是一家专门提供邮件服务在线工具的网站，专注于为商业广告客户提供服务，帮助客户发送电子邮件简报，管理邮件订阅列表。

TED、麦进斗（Magento）、经济学人等知名组织或公司都使用它，总会员数高达 83 万。这只“猩猩”是世界上最忙碌的一只猩猩，因为它每个月要发送 17 亿封电子邮件给全世界。

邮件猩猩的注册用户每月可以免费发送 12 000 封电子邮件，收件人达 2 000 人。如果会员数和月发信量超过该标准，则需要付费。

初期，邮件猩猩创造者们开发了一套电子邮件发送器给客户使用。为了增强用户体验，他们将工具的操作性设计得非常便利，所以他们将这套发送器昵称为“邮件猩猩”，意思是让用户体验到通过他们发送一封高质量邮件、一封很炫酷的邮件，这件事情简单到连猩猩都会。

该网站为用户提供了一个邮件最终展示页，设置了很多控件。用户就像建网站一样，构建自己的邮件。建这个“网站”很简单，可以拖拽，支持所有照片、文字、音频、视频的混编，而且它是自适应屏幕比例的。它还为用户提供了很多模板，以及一个特别好的后台，可以追踪邮件的打开率等。

动态管理客户——深化客户关系

出于“客户是上帝”的传统思维，部分理财顾问对所有客户都投入相近的精力与时间，由此忽略了客户经营的其他因素。

事实上，并不是所有客户都值得维护。有的客户维护成本很高，但带来的收益却很有限，而有的客户会拖累业绩甚至导致亏损。因此，理财顾问有必要定期对客户档案进行整理，升级或淘汰部分客户，对客户实施动态管理，从而集中精力与资源为优质客户提供更具利润性的服务，增加这类客户的忠诚度，建立终生甚至跨代际的深度关系。

筛选客户需要一定的标准。有一种标准在金融营销实践中被广泛应用，并取得了成功，我们称其为“AAA 级客户标准”。它从客户价值管理的角度出发，为理财顾问阐释了什么是优质客户，如图 2－19 所示。

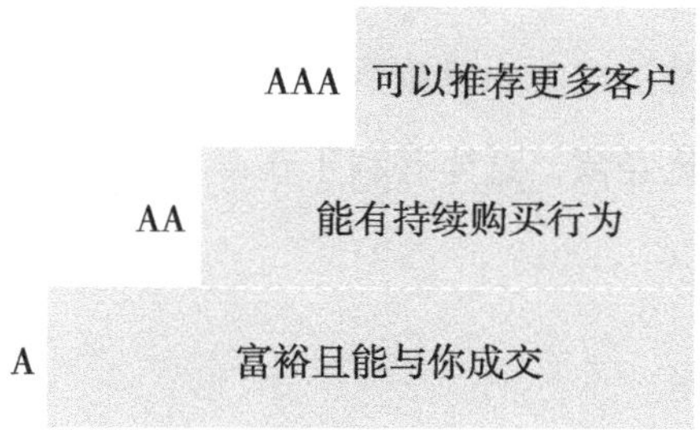

图 2－19　理财顾问筛选客户的“AAA 级客户标准”

首先，客户具有一定的财富量级，是富裕人士或家庭。他们的财务与生活目标较多，需要消费大量的金融产品和服务。而且，他们有良好的财富管理理念，同时认可你的专业能力和职业操守，愿意与你成交。这样的客户是 A 级客户。

其次，客户与理财顾问的交易不是一次性行为。在获得良好的服务体验后，他愿意根据资金变化或者理财目标的变化持续向你寻求解决方案，从而追加进行重复购买行为，在信任的基础上不断向你进行业务授权。这样的客户属于 AA 级客户。

最后，客户对理财顾问高度认可，愿意将自身的良好感受分享给亲人朋友。这时他会为你推荐更多客户，不断把他身边有相近理财需求的人推荐给你，因为他认为你作为他的理财顾问，的确为其带去了价值。这样的客户运用自己的影响力成为“客户推荐中心”，即 AAA 级客户。

理财顾问应不断从自己的客户群中发现 AAA 级客户，为他们分配较多的时间进行客户接触，对他们的资产负债状况持续跟进，对他们的理财需求给予最大程度的关注。与此同时，整合优质资源为他们提供妥善的解决方案，不断改善他们的理财体验，从而增加客户黏性，更有效地维护良好的客户关系。

客户动态管理还要求我们定期剔除劣质客户，以避免时间和资源的浪费，降低维护成本。理财顾问可以将客户群划分为 A、B、C 三档，进行差异化经营，这样有利于获得更大的客户价值，见图 2 - 20 所示。

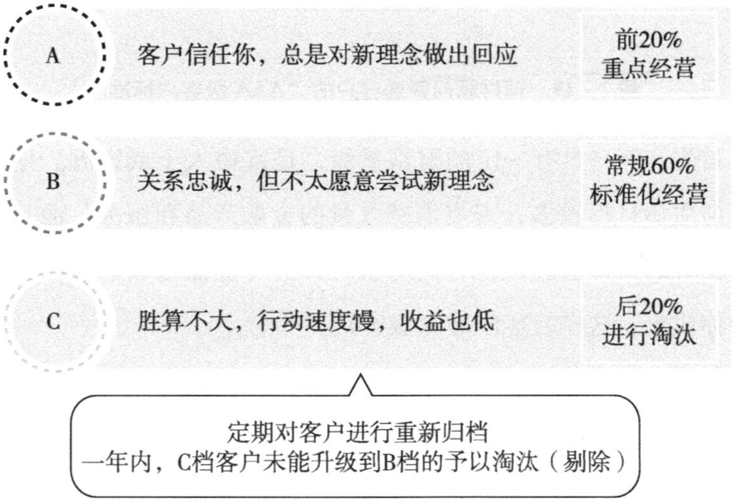

图 2 - 20　客户分档与动态管理

综上所述，在深入理解客户的基础上，客户价值管理策略有助于顾问发现并经营优质客户。只有聚焦目标市场，才能更好地淬炼业务模式，进而实现顾问品牌与客户价值的极大提升。

第三章

差异化产品与服务

"大而全"还是"小而美"？这是一个问题。

多元化选择与个性化建议都是客户甜蜜点，

所以，开放性产品结构与差异化服务策略才是关键。

经济增速换挡，宏观环境不确定性增加，导致资本市场波动加剧，客户的风险意识在提高。客户日益成熟，对价格越发挑剔，更注重服务体验，在生命周期的不同阶段其财富管理需求也在快速变化。

财富管理机构的产品和服务供应随之发生了巨大改变，不论是在风险管理、资产管理还是事务管理领域，各种创新金融工具都得到了极大的发展。

然而，在产品极度丰富的环境里，客户变得无所适从且缺乏耐心。他们从来没有像现在这样既兴奋又迷茫，一切触手可及，一切又远在天边。

品类单一的机构，客户自然不会经常光顾。那么，是否全品类的自由超市就是客户最想要的呢？

财富管理，既是金钱管理的科学，又是财务与生活平衡的艺术。

客户需要的是“精品超市”和“专业导购”，帮助他们在纷繁复杂的市场中甄选出优质的资产与资产管理人，以让他们远离市场喧嚣，安享品质生活。

理财顾问必须快速证明自己所属机构的差异化服务能力。由此，理财顾问的竞争力便直接表现为：所提供优质产品的广度，以及个性化服务的深度。

理财顾问在为客户提供服务时，很大程度上是为客户提供资产管理服务，以及部分事务管理服务。那么，在谈这些管理的技术和方法之前，我们首先需要对所要运用的工具和手段——相关的金融产品有深度的理解。

差异化产品

市场越成熟，竞争越激烈。

琳琅满目的产品并不能打动客户，客户更关心的是他自己的问题，以及谁能帮他们解决。金融机构开发产品时，为取得规模经济，通常基于主流客户的主流需求，尽可能标准化其产品与服务，而不是考虑每个客户的个性需求。这就要求理财顾问准确感知客户的想要（wants）和需要（needs），基于对市场的前瞻性洞察，与时俱进地掌握创新金融产品的属性，运用恰当的理财技术，为富裕客户提供定制化的解决方案。

金融自由化下的“百花齐放”

资产管理是财富管理的核心内容之一，是投资者属性与资产配置的结合。它通过实现财富的保值与增长，来实现客户更优质的生活方式。

近年来，我国金融产品市场的繁盛主要得益于两项金融改革的推进。

第一，利率市场化。具体表现为银行与信托理财产品规模急剧增长。

利率是市场资金要素的价格，关系到市场资源配置、金融行业运行效率、金融市场格局等多个方面。作为我国金融领域最核心的改革，利率市场化自 1996 年开始推进。银行间拆借市场利率、债券回购和现券交易利率的先后放开，开启了我国利率市场化改革的大幕。2004 年 1 月 1 日，中国人民银行在此前已两次扩大金融机构贷款利率浮动区间的基础上，再次扩大贷款利率浮动区间。商业银行、城市信用社贷款利率浮动区间扩大到基准利率的 0.9～1.7 倍，农村信用社贷款利率浮动区间扩大到基准利率的 0.9～2 倍，贷款利率浮动区间不再根据企业所有制性质、规模大小分别制定。2004 年 10 月，贷款利率上浮取消封顶，下浮的幅度为基准利率的 0.9 倍（还没有完全放开）。与此同时，允许银行的存款利率都可以下浮，下不设底。自此，各类以信贷为基础资产的理财产品层出不穷、百花齐放，为投资者资产配置提供了广泛的产品选择。

第二，泛资产管理化。具体表现为私募基金等新型资产管理人大量出现。

早期，我国的金融市场以银行为主导。后来，银行、证券、信托、保险公司成为金融市场的四大支柱。随着多层次资本市场的建设，对资产管理牌照的日渐松绑，新型资产管理人开始增多，阳光私募、创投基金、房地产信托投资基金（REITs）、互联网金融、智能投顾等多元化产品服务全面成长。中国金融市场进入“泛资管”时代。

中国资本市场在广度和深度上的发展，大大拓宽了投资理财市场的风险－收益波谱，为财富管理市场的壮大与成熟打下基础。

依据基础资产及驱动因素的不同，大类资产主要分为权益类、固定收益类、大宗商品类、现金类金融资产，以及房地产、艺术品等非金融资产。同一类别内的大类资产具有相似的理财属性。所有大类资产的价值总和，基本覆盖了大部分世界范围内的可投资资产。

根据 BCG（波士顿咨询公司）的研究，我们可以看到，与全球资管市场相似，国内市场在 α 投资策略和 β 投资策略的两类产品① 增长态势上出现了两极分化，传统的主动管理型产品呈相对下降趋势，而另类投资和被动管理型产品发展较快。如图 3－1 所示。

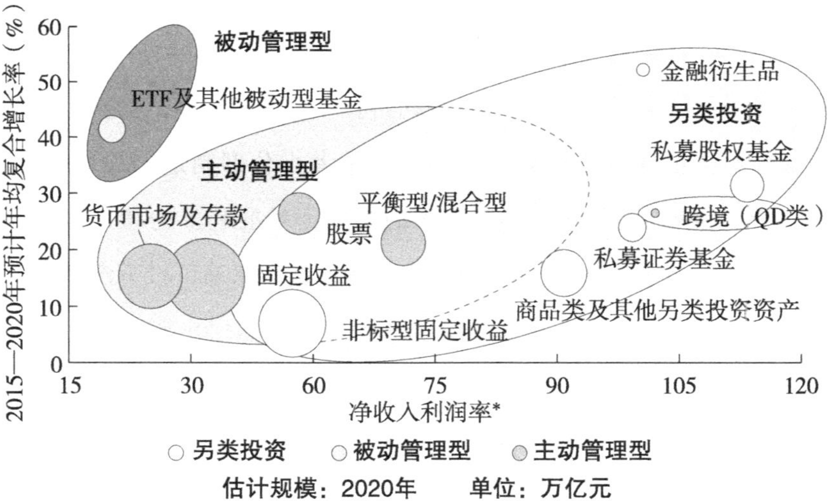

图 3－1　中国资产管理行业发展趋势

＊净收入利润率指的是管理费减去分销费用。

资料来源：何大勇，谭彦，陈本强，刘月．银行转型 2025［M］．北京：中信出版社，2017：158.

---

① 现代投资理论认为，资产组合的投资收益由 α 收益、β 收益和无风险收益组成。其中，α 收益是指超额收益，即超过市场平均收益的部分；β 收益指市场平均收益，也就是资产的内在收益。投资相应分成以追求 α 收益为主和以追求 β 收益为主的两类。

高净值客户需要的产品类型

数据表明，高净值客户对 ETF 指数基金、结构化投资产品、私募股权基金、对冲基金等表现出强烈的兴趣。[①] 它们将是财富管理机构在资产管理方面的未来发展方向。

对于那些较为熟悉的产品我们不做赘述，这里重点介绍几类具有趋势性的、受客户青睐的、在财富管理中有特殊功能属性的金融产品。

市场跟踪型产品

顾名思义，市场跟踪型产品专门用于跟踪特定市场或者指数的表现，这种市场表现既包括上升，也包括下降。产品通过锚定某类标的，以取得被动收益，比如跟踪沪深 300 指数、标普 500 指数的基金。通常而言，指数基金以减小跟踪误差为目的，使投资组合的变动趋势与标的指数相一致，以取得与标的指数大致相同的收益率。

跟踪型产品通常期限较长，长期数据相对可靠。它们结构形式多样，在投资组合中平衡及优化作用突出。跟踪型产品最显著的特点是费用低廉，并具有延迟纳税功能。

市场跟踪型产品在美国已有非常发达成熟的市场，先锋集团（Vanguard）是指数化投资最先的倡导者和实践者，之后各大型金融机构也纷纷加入指数基金的行列。数据显示，2016 年，90% 的主动管理型基金在扣除相关费用后，回报率都不及基准指数。即使将期限拉长至 10 年，也有 87% 的股票基金跑输给了指数基金。[②] 这促使越来越多的投资者从主动管理型基金转向被动管理型基金。

---

① 资料来源：招商银行，贝恩公司：《2017 中国私人财富报告》。

② 资料来源：https：//wallstreetcn. com/articles/263153.

到2016年年底，被动型基金在美国共同基金市场中所占份额已由2001年的不到10%提高到24.9%，ETF基金达2 524只，管理资产规模超过2万亿美元。①

截至2017年6月底，我国市场上有各类指数基金500余只。其中，主要的463只指数基金资产规模共计4 738.95亿元（不计ETF连结基金）。② 新基金成立活跃，但基金总体规模仍有限。

由于国内证券市场散户化特征明显，投资者多倾向于主动管理，以期获得超额回报率，因此对于追求资产内在回报率指数型投资方式并不十分在意。然而，随着宏观经济L型走势确认，伴随经济结构转型，极端个股风险加大，整体市场回报率下滑，具有风险分散、成本低廉特征的市场跟踪型产品日益得到客户青睐，并呈现较大的发展空间。

从跟踪标的上看，有各种大类资产指数基金，如黄金、原油、债券、REITs、股票等；从风格上又可以分为加速式、反向式、折扣式和红利式4种类型（见表3－1）。其中，加速式和反向式跟踪型产品也被称为“牛市证”和“熊市证”。

表3－1　4种风格的市场跟踪型产品

跟踪特定市场或指数等基准（benchmark）
被动收益

加速式跟踪型产品	反向式跟踪型产品	折扣式跟踪型产品	红利式跟踪型产品
较多跟踪上涨收益，较少跟踪下跌亏损	标的价格下降，反向式产品价格上升，“熊市证”	复制指数时风险有所折扣，收益设有上限	复制支付日到期时红利，反映标的指数表现

① 资料来源：http：//funds. hexun. com/2017-06-02/189461691. html.

② 资料来源：http：//finance. sina. com. cn/money/fund/20170728/133126900248. shtml.

结构化产品

结构化产品是运用金融工程技术，将存款、债券等固定收益率产品与金融衍生品（如期权、互换、远期等）组合在一起而形成的一种新型金融产品。在海外成熟市场，结构化产品一般可以归为两类：高息票据（High Yield Notes，简称 HYN）和保本票据（Principal Guaranteed Notes，简称 PGN）。

结构化产品主要包含 3 个基本要素：基础资产、挂钩标的资产及其衍生品合约。基础资产一般选择存款或债券等低风险资产，对本金形成一定的保护。挂钩标的资产则涉及股票、外汇、利率、商品等各类风险资产。衍生品合约大多是各类奇异期权合约。发行方为了降低对冲成本，一般会选择场外期权。

与主流的投资品种相比，结构化产品呈现出特有的投资属性。一般来说，结构化产品的风险收益水平介于债券和股票之间，适合风险偏好较低但同时对某类标的资产走势有较为明确判断的投资者。通过结构化产品内嵌的期权，投资者可以博取标的资产走势符合判断时的收益，同时将风险严格控制在其能够承受的范围之内。

海外的结构化产品是在场内外衍生品市场发展到一定程度之后出现的，此后在挂钩标的资产和挂钩方式等方面迅速多样化。由于该类产品既能够满足投资者多样化的投资需求，又能够为发行机构带来较好的业务收入，因此产品数量和规模均呈现出高速发展态势。

目前，我国的结构化产品主要是商业银行开发的理财产品，另有部分基金型产品（分级基金）。此类产品的结构与预期回报之间的关系，可用图 3－2 来形象化表示。

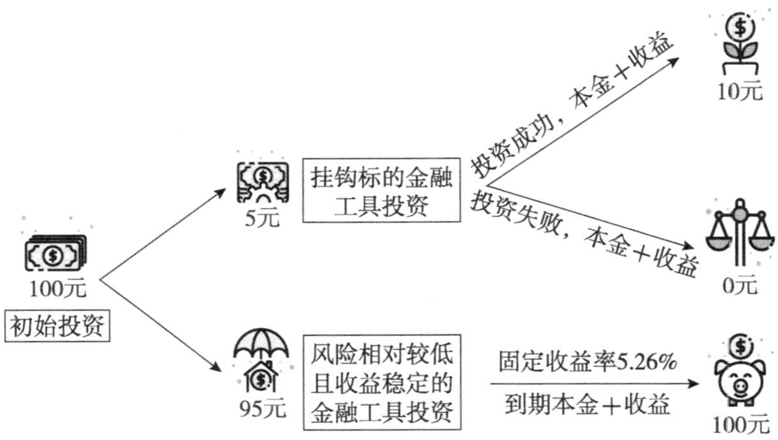

图3-2　结构化产品收益原理示意图

假设初始投资为100元，结构化产品会将本金中的95元投入货币、债券等风险相对较低且收益稳定的金融工具上，获得一个固定收益率，比如5.26%，到期时产生5元收益；将本金中的5元投入挂钩标的金融工具，该部分投资在投资期内。如果成功，可以获得5元收益，则投资人将最终实现10元的累计收益；如果失败，则投资人累计收益为0元，却实现了100元的本金安全。

以2014年理财冠军产品为例，星展银行“股得利系列1211期12个月人民币”是一款期限为1年的人民币结构性理财产品，挂钩标的为SPDR黄金基金。按照该产品收益结构，在没有发生障碍触发事件且最终收市水平高于初始水平时，这款产品可以获得约22%的最高收益，而对于该产品的本金基本是可以保证安全的。

私募股权基金（PE）

尽管获取稳健收益仍是大部分高净值人士的主要投资目标，但随着投资经验的增长，不少高净值人士表示，会考虑配置一定比例的创新产品，其中尤以私募股权投资为典型代表。

私募股权基金（Private Equity，简称 PE）被誉为“金融皇冠上的明珠”，在国内市场近 10 年中呈现爆发式的成长。

私募股权基金投资，是指通过管理专家发起并定向募集资金，对高成长性的未上市企业进行股权投资，并提供综合性增值服务，以期在被投资企业相对成熟后通过上市、并购、转让或回购等方式退出，实现资本增值的资本运作过程。

私募股权基金投资属于“另类投资”。广义的 PE 为涵盖企业首次公开发行前（Pre-IPO）各阶段的权益投资，即对处于种子期、初创期、发展期、扩展期、成熟期等时期企业所进行的投资。相关资本按照投资阶段可划分为创业投资（venture capital）、发展资本（development capital）、并购基金（buy-out/buy-in fund）、夹层资本（mezzanine capital）、重振资本（turnaround），Pre-IPO 资本［如过桥融资（bridge financing）］，以及其他如上市后私募投资（Private Investment in Public Equity，简称 PIPE）、不良债权（distressed debt）和不动产投资（real estate）等。在中国投资市场，私募股权基金投资一般指的是狭义的 PE，即对已经形成一定规模的，并产生稳定现金流的成熟企业的私募股权基金投资部分，主要是指创业投资后期的私募股权基金投资部分，而这其中并购基金和夹层资本在资金规模上占最大的比例。

PE 投资具有典型的“较低风险、较高收益”的理财特征。

- 较低风险：优秀的基金管理人（General Partner，简称 GP）通常会洞察经济周期运行阶段，聚焦产业政策鼓励行业，深挖细分市场中的领先企业，并设计一系列的投资条款（包括但不限于对赌条款、回购协议、董事会席位、分段投入、反稀释条款、竞业条款、审计制度等）实现风险控制与管理激励，而且通常会进行组合化投资以降低单一项目的特殊风险。

- 较高收益：PE 投资方向主要聚焦在具有高成长性企业，比如 TMT（电信、媒体和技术）、人工智能、新材料等行业，或者企业的高成长阶段，此时正是企业营收或者利润的高速增长期，可以基于业绩的增长实现股权价值提升。同时，通过挂牌新三板或 IPO（首次公开募股），可以实现企业的估值水平快速提高，进而因流动性改善而获得较大的市场价差。统计数据显示，中国市场私募股权基金的内在回报率（Internal Rate of Return，简称 IRR）普遍实现了年化 10% ~25%，不论是静态回报率还是持续回报，都明显领先于市场其他投资品类，见图 3－3。

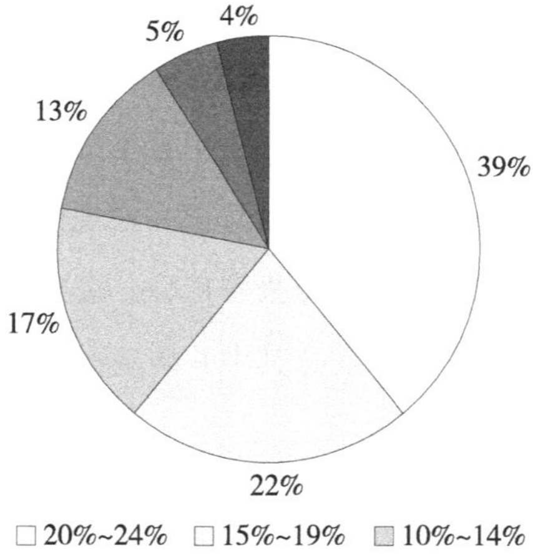

图 3－3　2016 年中国市场基金 IRR

资料来源：投中研究院.

经过 10 年的快速发展，国内私募股权基金管理资本总计已超过

7.5 万亿元。根据中国证券投资基金业协会公布的数据，截至 2017 年 6 月底，国内私募股权基金/创业管理人达到 1.13 万家。①

与所有投资一样，私募股权基金投资的风险也主要分为系统性风险和非系统性风险。在经济衰退与资本市场改革的背景下，被投企业的极端风险与基金的流动性风险明显加大，这对基金管理人的专业能力与资源禀赋要求越发提高，对客户的风险识别与承受能力也提出了更高的要求。

对冲基金

对冲基金（hedge fund），也称避险基金或套利基金，是指由金融期货（financial futures）和金融期权（financial option）等金融衍生品（financial derivatives）与金融组织结合后以高风险投机为手段并以盈利为目的的基金产品。

对冲基金主要采用对冲交易手段进行避险获利，是重要的风险管理手段。其套利方式是同时买入并卖出两类相互关联的资产标的，以便从不同于正常水平的关联差异中获利。对冲领域包括股指期货对冲、商品期货对冲、统计对冲和期权对冲等。

21 世纪初美国网络经济泡沫破灭致使股票价格大跌，对冲基金回报率飙升，使得其在投资界的名声大噪。此后，对冲基金在全球增长迅猛。在 2008 年金融危机之后，对冲基金的规模更是再创新高。统计数据显示，美国对冲市场管理资金约为 2 万亿美元，伦敦市场管理资金接近 2 万亿英镑。②

---

① 资料来源：http://research.pedaily.cn/201708/20170804418130.shtml.

② 资料来源：聂庆平．积极稳妥地发展中国对冲基金市场［J］．资本市场，2017(1)：79.

对冲基金采取的策略包括股票策略、符合策略、事件驱动策略、债券策略等，而当前量化对冲的业绩最为突出。和其他投资产品相比，对冲基金的显著特征之一是受到的监管较少，基金管理机构拥有更多的自由，因此在利用杠杆和衍生品方面受到的限制较少。同时，其回报率与整个市场走势的相关性较低，可以带来潜在的分散化优势。故此，不管是机构客户还是私人客户，对对冲基金行业的兴趣都越来越浓厚。

对冲基金在国内的蓬勃发展始于 2015 年，彼时中国的资本市场发生了巨大的动荡，以股灾为代表，此后各类“黑天鹅事件”接踵而至，对冲基金获得了发展的空间。2016 年以来，MOM（manager of managers）和 FOF（fund of funds）受到监管部门的重视与扶持，获得发展良机，表现突出。虽然 2016 年国内对冲基金的发行热情较 2015 年有所减缓，但国内对冲基金爆发式增长的趋势不可逆转，在理财市场已成为高净值客户的标配产品。

商业保险

保险在财富管理中具有独特的功能与意义。著名理财专家于彤曾说：“离开保险，谈理财规划或者财富管理，都是伪命题。”图 3－4 显示了现代商业保险在财富管理中的三大主题功能。

商业保险最基本的功能是风险管理，即转移风险损失，这一点已被市场广泛认知与接受。但商业保险在资金融通与财富管理方面的重要功能，才刚刚被市场所了解。

对于富裕人士而言，大额保单拥有显而易见的资产管理优势。首先，保险公司因为严格的监管与治理标准（保险公司偿付能力和保险准备金制度），成为社会经济风险的最后一道防线，所以拥有一

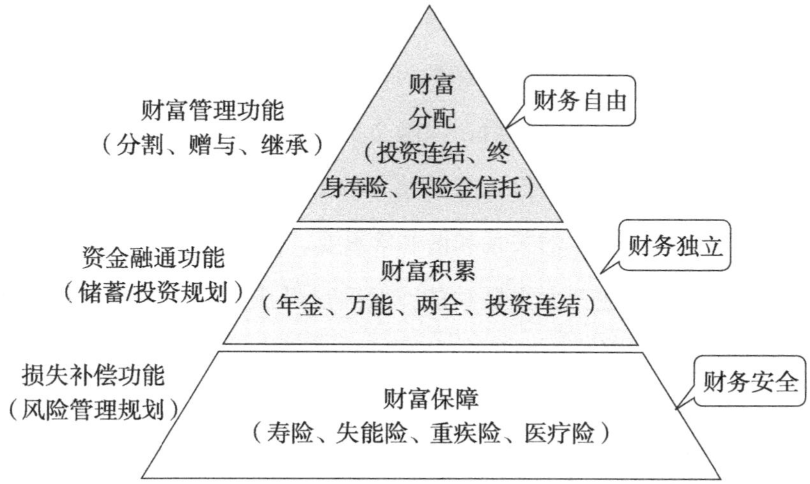

图3-4　现代商业保险在财富管理中的三大主题功能

部分保险资产成为防范金融危机、进行财富保护的一种重要安排。其次，保险资金主要投资于协议存款、高评级债券、REITs、优质股权等，所以在不同的经济周期均能够提供最低收益保障，具有良好的复利效应。同时，保单具有质押融资功能，能够快速地为保单持有人提供便利的流动性支持，可以有效地提高家庭整体资产的效用。最后，保险资金可以阳光化地进行税务筹划，不论是递延纳税，还是降低税基，或者创造税金，都成为高净值客户理财的特别关注点。

与此同时，保险通过投保人、保险人、受益人的三权分离，可以具有信托一般的产权管理优势。首先，当客户（投保人）受身体状况、专业能力等诸多因素影响不再是最佳的财富管理者时，可以在不丧失控制权的前提下，将财产交由保险人（保险公司）进行财产的委托管理。其次，专业设计的保单可以实现所有权重构，使得保单资产成为独立性财产，从而规避投保人的商业风险、法律风险等因素的干扰。再次，投保人通过指定受益方式，可以让受益人按照合同约定直接取得特定金额的保险金，便于解决遗产分割、法律诉讼等诸多常见困扰。最后，保险金的给付不需要经过复杂的遗嘱认证程序，可以保护投保人与受益人的隐私，对于家庭成员（尤其是成员复杂的家庭）的关系和谐非常重要，便于财富的有序传承。

正是基于上述三大主题功能，保险已经成为高净值家庭财富保护与分配规划中的重要安排。

信　托

信托（trust），是指委托人基于对受托人的信任，将其财产权委托给受托人，由受托人按委托人的意愿以自己的名义，为受益人的利益或者特定目的进行财产管理或者处分的行为。它是一种特殊的财产管理制度和法律行为，同时又是一种金融制度。信托与银行、保险、证券一起构成了现代金融体系。

在海外，信托的发展经历了从民事信托到商事信托和金融信托的过程。伴随金融的普惠化，信托已不再是王室和超级富豪的专属，正日益成为中高净值家庭的普遍选择。

在中国，信托业经历了20多年的发展，行业已迈入“20万亿时代”。截至2016年年底，信托业管理的信托资产规模为20.2万亿元。[①]信托从最初的资产管理为主，逐步发展到投资银行与财富管理。

2012年之前，由于国内直接融资渠道不畅，银行的信贷业务又主要被大型国企所垄断，信托成为地方政府与企业的重要融资渠道，促使融资类和投资类信托爆发式增长。在资产管理方面，信托是唯

① 资料来源：中国信托业协会.

一能够打通产业、金融与货币市场的持牌金融机构。在国内分业经营的背景下，具有投资范围多元、定制程度高、利率市场化等鲜明理财特征，甚至长期具有“刚性兑付”的制度红利，所以广受各类高净值客户的拥趸。

信托的投资范围如图3－5所示。

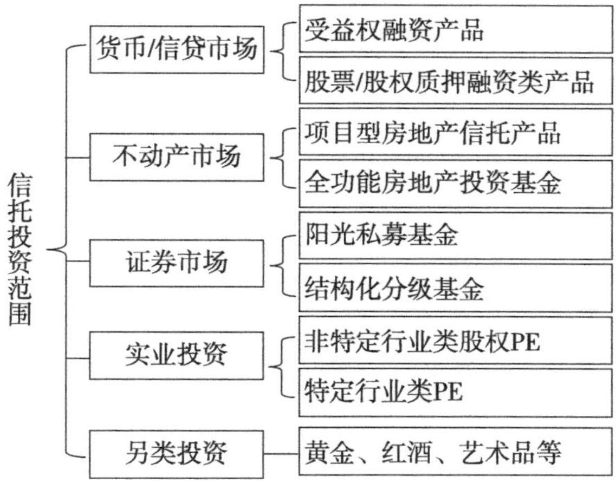

图3－5　信托的投资范围

2016年始，宏观经济转型调整，资本市场剧烈波动，监管趋严，传统资金类信托增速趋于稳定，家族信托开始成为热点。

信托目的在达成委托人意愿方面，灵活度很大，非常适用于财富管理相关规划。现代信托法之父哈佛大学的奥斯汀·韦克曼·斯考特（Austine Wakeman Scott）教授这样描述信托：“信托的应用范围可以与人类的想象力相媲美。”财富管理领域内几乎任何事情都可以进行信托安排，最为重要的是，委托人可以在合法性和可操作性范围内完全按照自己的意愿，来约定信托财产管理和转移的方式与内容。

信托制度中将财产的所有权和受益权分离，即权利主体与利益主体相分离：委托人所委托的财产在转移给受托人后成为信托财产，受托人对该信托财产拥有可管理和处分的所有权，但是该信托财产的收益归受益人所有。这使得信托在财富管理中具有独特优点，具体如表3－2所示。

表3－2　信托在财富管理中具有独特优点

资产隔离	隐私保护	高效传承	节税避税
信托资产独立存在，与委托人、受托人、受益人的其他财产相区别，保证了信托资产的安全。信托资产的所有权属于受托人，一般情况下，委托人或受益人的债权人无权对信托财产进行追索	由于信托资产的所有权是受托人，信托资产的管理和运用均以受托人名义进行，从而很好地保护了委托人和受益人的信息不被披露	由于信托中所涉及的权利和义务主要在信托契约中约定，信托的信托目的、受益人、财产处置方式、收益分配方式、期限等条款均可由委托人根据实际需求和受托人灵活约定	在大多数离岸司法辖区，信托免税。在很多国家和地区，通过设立信托可以帮助委托人和受益人进行税务筹划，实现税务的部分避免或递延

正是由于这些特点，信托作为高端理财产品，成为高净值家庭资产配置以及财富保护与传承的一种重要手段和工具。

专栏3－1

方兴未艾，中国家族信托试水升温①

自2012年平安信托推出第一单家族信托落地，中国家族信托试水不断升温，5年来发展迅速，信托公司、商

① 资料来源：兴业银行，波士顿咨询公司．《2017中国财富传承市场发展报告》[R].

业银行私人银行、第三方财富管理机构、律师事务所等各类机构纷纷布局。由于家族信托业务需要牌照、专业能力、客户资源等领域的通力合作，各类参与机构之间开始形成复杂的竞合关系。从客户调研结果看，得益于庞大的高净值客户资源和良好的品牌形象，中资银行私人银行成为最受客户青睐的合作机构，信托公司也受到38%的高净值人士欢迎，特别是专业投资者对其专业认可度最高。与此同时，经过5年市场培育，已有超过四成高净值人士正在或计划在3年内开始使用信托服务，而这些家庭最看重信托保障财富安全、帮助财富增值及税务筹划三大功能。

从兴业银行家族信托业务开展来看，我们发现越来越多的高净值家庭开始运用信托工具应对家业传承的需求，并在具体应用上展现出四大特点：从客群来看，以民营企业主和女性为主；从种类来看，以资金类信托为主；从目的来看，以实现资产隔离和个性化传承为主；从工具来看，以小规模境内家族信托为主要试水工具。

当然，我们也要看到，在实际实施层面，目前中国家族信托仍然面临一些外部条件的制约，主要体现在配套体系有待完善上。一是信托财产登记制度缺乏具体操作规定，二是配套法律制度不足，三是信托税收制度不明确。

由于上述隐患，一些国内客户出于更好的资产隔离效果、隐私保护等因素，倾向于选择境外离岸信托。但是，由于不同信托结构和所在地的法律、税务、投资监管要求千差万别，对其最终的法律效力将会产生巨大影响。加之离岸信托通常结构复杂、设立流程冗长，并非一定优于境内信托，因此需要根据自身需求进行综合考量。

综上，即便境内家族信托工具在具体落地层面还存在一些挑战，对于中国高净值家庭而言，综合评估来看，从有备无患、尽早布局的视角出发，仍不失为在现有条件下，家庭财富传承安排的有益选择。由于信托和财富传承事务的复杂性，高净值人群在综合考虑境内外多种工具和制度安排时，应更多依靠专业机构、专业人士的建议，特别是在法律和税务领域要进行深入沟通和咨询，做好顶层设计和长期规划。

从客户资源、牌照优势、专业基础、资源投入等方面来看，未来我国传承市场参与机构也将逐渐分化，趋向于形成少数全能型与功能型服务商相生相伴，共同繁荣生长的竞争格局。预计中国未来市场竞争格局也将进一步集中，提早布局的大型商业银行、领先信托公司和财富管理机构有明显优势。目前在中国市场，银行拥有无可比拟的高净值客户资源、着力打造专业人才梯队，从而占据市场领先地位。此外，少数定位于服务金字塔尖富豪的单一家族办公室和多家族办公室也将逐渐趋向成熟，作为家族财富管理的中枢指挥机构，通过信托、银行以及其他专业服务机构的合作，为顶级家族提供专属、个性化、全方位的服务。

与此同时，由于财富传承市场的专业复杂度和广度，我们预测也将会有一批小而美的功能型机构在市场中繁荣生长。他们在法律、税务、管家服务或是特定市场等细分领域拥有无可比拟的专业性，或成为全能型选手的顾问，或直接为客户提供特定领域的定制服务及建议，从而在竞争中占据一席之地。

其 他

现金类资产

现金类资产最重要的功能是为投资者提供流动性。经济低迷期，各类资产都因流动性不足导致市场交易量明显下降，很多资产难以及时变现。此刻，保有充裕的现金类资产可以捕捉转瞬即逝的投资机会。这类资产通常放在货币基金、票据理财、信托受益权转让等短期产品上，期限在 7～180 天不等。此类产品在经济不景气的环境下明显被增持。

艺术品

艺术品投资近年来受到高净值人士的青睐，其可以增加资产组合的多元性，而且艺术品与其他资产类别的低相关性，有助于降低投资组合的整体风险水平。此外，艺术品在税务筹划，特别是跨境税务筹划方面，以及资产的隐私保护方面具有的独特功能，也是其近期交易规模上升的原因。尽管艺术品的价格相比经济繁荣期有所下降，但整体市场交易的活跃度却在增加。

事务管理

退休规划：人口平均寿命延长、老龄化形势严峻、婴儿潮一代进入退休期，以及人们对于品质生活的追求和向往，共同让退休规划这一需求在今天的家庭财富管理中凸显其紧迫性。虽然仍有不少客户未能意识到即将到来的退休生活所要面对的各种挑战，作为专业理财顾问，应该帮助客户明白退休规划是一项系统工程，而且不是一场可以推倒重来的演出，必须未雨绸缪，要综合利用社会保障、年金、储蓄、个性化投资来共同准备退休金及长达几十年的生活方式。

税务筹划：当前我们的社会已从物质短缺走向财富过剩。相应地，国家的税收制度由过去的流转税逐步转向财产税，税收体系日趋完善。特别是2017年CRS（共同申报制度）的实施，国际税收信息交换使信息更加透明，高净值客户对于税务筹划的需求大幅提升。不论通过个人努力，还是机构合作，能够提供此类服务的理财顾问，将获得更强的市场竞争力。

创新顾问服务

在金融产品不断创新的同时，理财服务模式也在不断迭代演进。当前两种服务管理模式——财富管理办公室和全权委托管理——正在成为财富管理业的新趋势。

精品模式：财富管理办公室

中国财富管理市场容量巨大，业态分散。行业中存在头部的财富管理机构，但也有不少高级理财顾问离开所在机构开始独立展业，形成“多家头部企业+大量独立理财顾问/精品机构”的市场格局。

这些独立理财顾问有的成立财富管理办公室，少数能力卓越并具有资源禀赋的顾问，则与律师、税务师等联合为超高净值人士提供家族办公室［SFO（单一家族办公室）或MFO（联合家族办公室)] 服务。

财富管理办公室，不同于为超级富豪服务的家族办公室，其服务对象主要是中等富人们，具有鲜明的个人化品牌特征，属于小而美的精品模式。

在富人阶层中，中等富人的财富管理可谓处于最尴尬的情况。他们的资产规模往往还不足以在私人银行开设账户，但他们却又不满足于零售银行的大众化产品和服务。他们处于中间层，没有享受到充分的服务，经常不得不自己摸索着进行独立投资，与各种类型的资产管理机构或理财机构打交道，这使他们疲惫不堪。

研究显示，中等富人的财富管理愈发困难。超过 2/3 的中等富人在低迷的市场中经历了财富的剧烈波动，这一群体中有超过 1/4 的人被迫因此而改变了原有的生活方式和消费习惯。为了收复失地，他们倾向于采取新的财富构建策略，因而承担了更多的风险。[①]

银行、保险、信托、基金、股市……中等富人们发现，自己要花更多精力在不同的资产与产品研究上，或者是协调和管理一大批理财顾问们。但是，不断扩大的陌生投资领域反过来给中等富人带来了很大压力，如何甄别信息的可靠性？依据什么进行不同产品的取舍？

中等富人希望能找到可信赖的顾问或机构，一站式地主动提供咨询与服务，极力减少金融机构使用数量。财富管理办公室正是应这种需求而生。因为并不隶属于任何机构，所以其能站在客户的角度（委托人视角）提供更加客观的方案建议。

而且，中等富人对这种模式的兴趣在近几年还将逐步增加，未

---

① 资料来源：http：//bank. hexun. com/2012-09-25/146232836. html.

来中国财富管理办公室（不论是投资顾问为主，还是理财规划为主）的发展空间巨大。一位优秀的顾问只要找到并能为区区几十位富裕客户提供值得信赖的服务，便可获得足够的业务机会，成就事业理想。

触手可及的全权委托管理

“全权委托”是指客户基于对理财机构的信任，将一笔资金委托给理财机构，由后者帮助客户进行全市场大类资产配置。这类机构通常包括私人银行、信托公司、家族办公室及部分精品第三方理财机构等。

全权委托管理是专业理财机构为客户定制的投资服务模式，在欧美等西方发达理财市场已盛行多年，并被认为是最能体现理财机构资产管理能力的业务类别，是最具投资价值的一项业务。

随着高净值人士风险意识的增强、私人财富形式复杂度的提高，以及与理财机构合作关系的深化，高净值人士更加认可专业机构的价值。数据显示，海外私人银行超过半数的客户都会选择全权委托的资产管理模式。

随着国内高端客户群体财富管理观念的提高以及私人银行等资产管理业务的创新发展，高净值人士对于资产的管理逐渐由“亲力亲为”转为委托管理。越来越多的客户，尤其是顶级客户愿意将他们的资产交由专业机构或顾问打理。

从2013年开始，国内一些商业银行私人银行部开始提供全权委托资产管理服务，如招商银行、光大银行、浦发银行等。每家银行的全权委托模式虽然有所差异，但都受到了客户的认可，发展势头迅猛。

以私人银行为例，全权委托管理令客户和银行实现了双赢，如表3－3所示。

表3－3　全权委托模式给客户和银行都带来利益

对于客户的利益	对于银行的利益
• 个性化定制，根据客户的风险承受能力、目标收益率、投资期限、流动性安排等需求，定制个性化的投资策略和产品结构，然后实施，避免产品销售导向 • 省时省心，客户免于不同理财产品的分散管理，减少产品空档期的资金闲置，提高资金利用率，获得整体投资收益提升 • 正向激励，从“预期收益型”转变为“净值管理型”，实际投资业绩超过基准收益的部分将按约定比例在客户和银行之间分配，令资产管理人、理财顾问和客户的利益更趋一致 • 资产有机组合，客户不再是随机、分散购买单个产品组合起来，而是由私人银行根据客户需求，综合考虑各资产的相关性、期限、流动性等因素，进行一揽子投资，将资产有机组合起来，更好地降低非系统性风险	• 提升资产管理能力，客户对于全权委托有更为严苛的要求，会倒逼私人银行持续、快速提升自身的资产管理能力，包括投研团队建设、各大类资产的研究、优质资产的储备、第三方资产管理人的甄选、风控管理、IT系统的改造升级、客户各账户的整合、投资信息披露机制等 • 破除刚性兑付，厘清客户与银行间的理财服务关系，有利于客户建立自己真实的风险收益偏好，并形成合理的收益预期 • 和客户建立长期信赖的资产管理服务关系。全权委托服务期限较长，一般在5年以上，同时需要和客户进行深入、反复、多方位的接触，有利于增进彼此间的信任。不同于以理财产品为纽带的客户关系，这种基于资产管理的服务关系更为紧密，客户忠诚度和黏性更高

资料来源：李来宇．双赢模式：全权委托资产管理［J］．财富管理，2015（2）．

全权委托在国内的出现时间尚短，虽然目前在监管政策和法律关系上还存在一些发展障碍，但市场有较大的潜在需求，发展前景十分光明。

对于客户而言，全权委托意味着明确想要的结果、承担的风险、投入的资金，剩下的事情不用自己操心。那么全权委托只存在于私人银行或顶级财富管理机构吗？

中产富裕家庭的全权委托：智能投顾

智能投顾，也称机器人投顾（robo advisor）或数字化资产配置，是一种结合人工智能、大数据、云计算等技术及现代资产组合理论（MPT）的在线投顾服务模式。其结合个人投资者的投资偏好和理财目标，利用算法和友好的互联网界面为客户提供个性化、智能化、自动化的资产配置建议及其他增值服务。①

智能投顾的价值点并不仅仅是换个方式购买基金或股票，其本质上是配置于全品类大类资产的委托管理。委托管理的好处是，释放客户在投资上所消耗的大量时间，腾出时间经营自己的事业和家庭，使商业潜能最大化，使生活质量更好。

然而，委托管理向来是高净值客户的专利，尤其是对投资专业性要求非常高的全球化资产配置，其委托管理服务门槛很高，属于私人银行级服务。

智能投顾能够将这种“委托管理”服务覆盖至更广泛的中产及富裕家庭，以及高净值客户的碎片化资金。凡是自我投资能力不是很高的客户，其实都适用智能投顾这种委托管理模式。同时，在资产环境恶化、非标类产品风险水平上升的背景下，智能投顾也迎合了高端客户资产转型的趋势（从非标准化资产到标准化资产）。

智能投顾将标准化资产（股票、基金）打包过后变成非标准化

① 有关智能投顾的原理将在第四章中做进一步阐述。

资产。一方面，使客户享受到了标准化资产的阳光化与合规化；另一方面，投资策略又是非标准化的服务（基于不同风险偏好给予配置方案）。

高净值/超高净值人士的全权委托：家族信托

很多人对于家族信托功能的理解都集中在传承。其实，家族信托也是一种高净值/超高净值家庭资产的全权委托。

高净值/超高净值人士的资产包含多种类型，比如企业股权、房产、银行理财产品、私募基金、股票、现金、保单、艺术品等。这些资产分布在不同领域、不同机构、不同账户。打理这些资产，日理万机的高净值/超高净值人士需要专业能力与精力投入，甚至面临很多销售人员的骚扰。尤其对于非专业人士而言，还面临各类投资乱象带来的风险。

由于家族信托可以受托多种资产形式，如现金与其他财产的收益权（包括股权、艺术品、私募基金、资管产品、保单等），因此家族信托首先实现了这类家庭的多重资产的全账户管理，就是委托管理。

在信托财产运营方案由委托人确定后，通过家族信托账户，这些信托财产可以配置到主流大类资产与市场中的各类金融工具中去，委托人自己则免于到处签署协议、到处开户的困扰。在家族信托架构里，受托人安排自己非常信任的投资顾问或受托人（信托公司）对信托财产运用进行规划并对投向进行把关，进行资产筛选。这样受托人只有“听投顾定期汇报”的任务，财产打理既放心又节省时间。

其次，家族信托还能实现“自益”兼“他益”。“自益”是指委托人拥有信托财产受益权、运用决策权，同时，这笔信托财产与委托人的其他财产进行了一定条件下的风险隔离，实现了个人财产独立，免于不确定因素带来的风险。“他益”是指家族信托的传承制度安排功能。在法律顾问、税务顾问等专家的团队服务下，这笔委托的信托财产的受益权可以用极富个性化的条款设计福泽特定的受益人（有血缘关系的人或其他），实现了指定继承与指定分配。

当然家族信托还有很多其他事务型功能，在此不做赘述。

服务新趋势：境外投资

随着经济全球化的概念日益深入人心，中国高净值人群投资眼界更为开阔，他们也开始将投资目光更多地投向境外市场。跨国别、多币种、跨市场的离岸配置，获得越来越多的高净值人士的认可。

调查数据表明，高净值人士中拥有境外配置的人群占比自 2011 年的约 19% 上升至 2017 年的约 56% 。[①] 但是，许多高净值人士虽然有境外资产配置分散风险的需求，却由于对境外市场不熟悉，对进一步增加境外配置比例持审慎态度，希望得到更多专业机构和专业理财顾问的辅助。而在参与境外投资的所有因素中，分散风险和捕捉投资机会仍是高净值人士最主要的考虑因素。

国人的多数投资海外行为属于资产离岸，比如为生活准备（子女留学或移民）所做的海外置业，以及为转移或避险需求所做的海外投资。

另一种海外投资被称为跨境投资，以资产保值和增值为目的。

① 资料来源：招商银行，贝恩公司.《2017 中国私人财富报告》[R].

过去，国内的人民币资产就能达到保值和增值目的，再加上海外投资的信息不对称及政策限制，已有境外资产的客户进行跨境投资的相对较少。但随着境内无风险利率的大幅下降，加上美元走强的市场现状，高净值人群开始考虑以保值和增值为目标的跨境投资。

受制于对海外市场了解不足、亲自勘察成本较高、流程烦琐、交易有时差、后期维护也比较难，多数投资者对于跨境投资望而却步，更不用说在适合时机的合理配置了。不过，在智能时代的今天，这些难点却可以依靠智能投顾来解决。

产品采购与管理

客户比以往任何时候都更需要多元化的金融产品和服务，任何单一机构都无法仅通过自身提供最佳解决方案。财富管理机构为了提供种类更多的产品与服务，采取了所谓的“开放式产品结构”（open architecture），从而使“最佳实践产品”① 既可以来自机构内部各部门，又可以来自第三方供应商。

最佳实践的开放式产品结构

开放式产品结构为客户和顾问带来了双赢的局面。对于客户而言，可能降低选择成本，一站式满足主流需求；对于顾问而

① 最佳实践（best practice），是一个管理学概念，认为存在某种技术、方法、过程、活动或机制可以使生产或管理实践的结果达到最优，并减少出错的可能性。把岗位做事的最佳方式和个人做得最好的事项一一总结出来，就是组织的最佳实践。经过市场检验，在既定风险水平上可以提供最优回报的金融产品就是最佳实践产品。

言，可以更加客观地“以客户需求为导向”，全面部署实施方案建议。

从客户需求的角度来看，金融创新带来的影响是产品不再稀缺，定价更加市场化。客户选择的增多与富裕客户需求的多元化融合在一起，对机构的一站式服务能力便提出了更高的要求。

比如，客户的理财需求由传统的注重财富增值，转向财富保护与传承，并开始关注子女教育、养老、移民等多维度问题。随着中国经济进一步开放，客户选择海外业务的动机不再是避税，而是希望在不同的监管环境中实现资产配置的多元化。

但客户也发现，现在单靠某一机构来提供分类产品的最佳选择并不现实，他们不得不面对众多不同的机构与顾问，而客户更希望得到可靠、便捷的一站式解决方案。

从机构与顾问的产品供给角度来看，虽然从产品数量与规模看，理财市场蓬勃发展，第三方产品采购也有所存在，但是整体而言，受制于分业经营，这些机构的理财产品都有很强的分业特征，即便为客户提供了全方位的理财建议，也难以落实到产品层面部署实施。

建立全面解决方案的条件之一是金融机构扩展产品和服务内容，整合多个金融服务提供商，建立开放式的产品架构，以广泛的产品条线为客户提供个性化、综合化的财务解决方案。

对于独立理财顾问而言，这些则离不开平台型机构的支持与资源，因为面对资产管理机构，个体总难有较强的议价能力。“理财服务不是单纯销售某一个理财产品，而是让客户在长期理财规划下，最终获得与其风险属性相匹配的收益，进而与理财顾问形成长期、稳固、相互信任的伙伴关系，积极推动理财服务向过程服务转型——贯穿于客户的整个服务过程与财务周期。”①

财富管理服务考虑每位客户的整体需求，为客户家庭乃至家族提供个性化的持续服务。碎片化的服务能力很容易让理财顾问丧失潜在的业务机会。

开放式产品结构可以兼具两方面的优势：产品既拥有大批量定制的低成本特点，又能满足客户的个性化需求。因此，开放式产品结构成为机构与顾问凸显竞争力的重要砝码。

开放式产品结构体系具有这样的特征：首先，它能符合客户不同层次的需要，如现金管理与长期投资；其次，产品体系需要动态化管理，不断纳入公开市场上的优质产品，淘汰不适合的品类；最后，积极开展产品创新，实现产品定制化，如保险金信托的开发。详见图3－6所示。

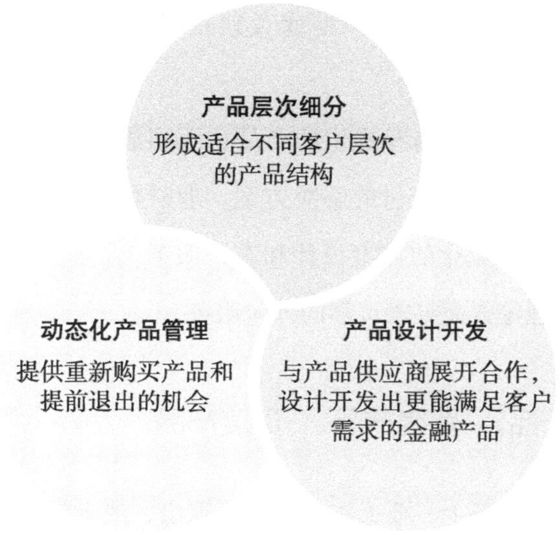

图3－6　开放式产品结构的特征

①　资料来源：李凌，郝治军，周莹，等．中国式财富管理链中端价值［R］．新财富，2010（11）：54-65.

对于财富管理机构而言，开放式产品结构策略可以通过两种途径实现：一方面是努力谋求更多的金融牌照，向混业经营的综合金融领域发展；另一方面是构建更加模块化的投资平台，细分客户，根据客户的财富水平和财务目标，提供更加个性化的产品和服务，包括更高比例的第三方产品。

我们认为，开放式产品结构将成为市场主流。原因在于，它大大增加了为客户提供最佳解决方案的可能性，有利于巩固客户关系，促进咨询顾问模式建立。但同时，开放式产品结构也对投资研究、风险管理、机构议价、分销能力等提出了更高要求。

这一趋势令那些大型金融机构优势明显。它们有成熟的产品创新能力，并与投资银行有密切联系。然而，随着“泛资管”时代到来，大量精品资产管理人开始主动进行产销分离，用合作的模式建立产品分销网络，中小型或者独立理财顾问仍具有赢得竞争的机会。

如果机构或顾问自身提供的产品达不到最佳方案的要求，则可以依赖第三方供应商交付的解决方案。理财顾问可以将自己的优势更集中于提供专业化的方案设计和客户服务上，而在产品寻源、采购、存续管理等方面寻求可靠的外包服务。

钩子产品、留客产品、深度产品

理财的竞技场上，要么杰出，要么退出，或者就得与众不同。

拥有开放式产品结构的资源平台，只代表理财顾问可以推荐优质产品，但仅此并不代表理财顾问就能赢得客户。

新金融时代，财富管理业主要的价值驱动因素已由生产转向服务。无差别的产品导向模式难以与同业实现差异化的竞争优势，较难获得可持续的规模和利润提升。理财顾问如今需要更加注重树立自身品牌和提供差异化的服务。

基于企业竞争，差异化有着独特战略价值。差异化竞争（competitive differentiation）由被誉为“竞争战略之父”的迈克尔·波特（Michael E. Porter）提出。他指出企业的所有竞争终将体现为以差异化为特征的竞争。

差异化竞争是一种战略定位，企业通过提供差异化的产品或服务，树立品牌，区别于竞争者，提升自身的市场竞争力。虽然差异化策略涉及的范围包括组织结构、运营流程等，但从市场来看，任何差异化策略都需要用具体可感的差异化产品及服务将其落到实处。

换言之，如果我们无法在所有方面都保持差异化策略，至少在面对客户的环节中，或者说最为重要的环节中，实施差异化策略。

当前的财富管理市场，靠单一类型产品、用所谓高收益率来维持客户变得越来越难；单纯依靠高超的销售技巧来进行市场拓展，也不是长久之计。因此，我们强调“新颖的产品策略”，即面对不同的客户，理财顾问在为客户解决问题的同时，要通过组合运用“钩子产品”“留客产品”和“深度产品”来打开市场（针对新开发客户），或者增加客户黏性（针对已购买客户），以及扩大钱包份额（针对忠诚客户）。

理财顾问应根据客户关系所处的不同阶段，灵活提供不同的产品类型，如图3－7所示。

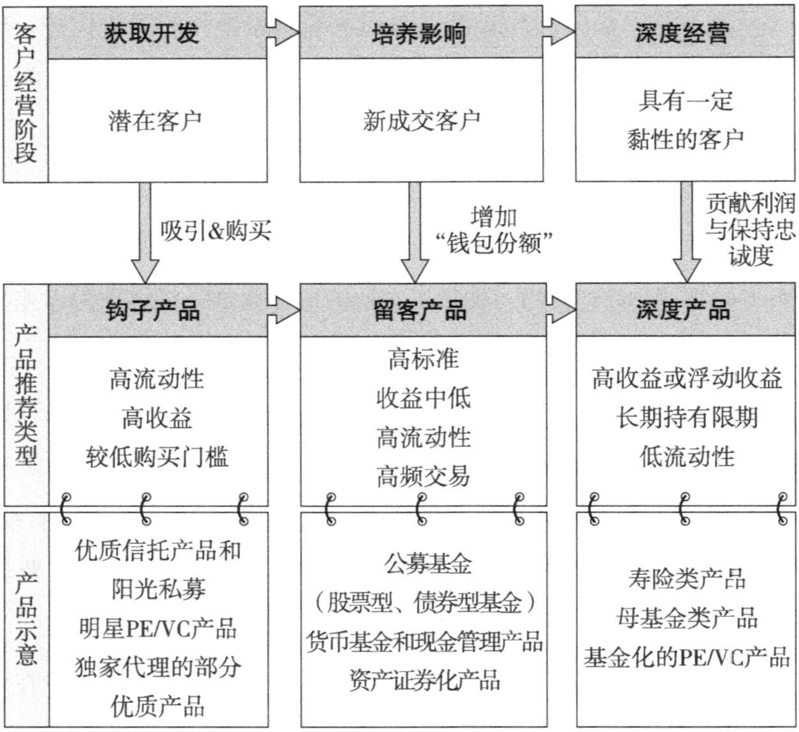

图 3－7　不同阶段对应的差异化产品服务策略

钩子产品

关键词：吸引

在拟建立客户关系的阶段，理财顾问需要诱发准客户的兴趣。此刻，运用一些符合市场热点、便于理解、贴近客户心理或消费习惯的产品服务，有利于准客户快速购买，从而确立客户关系，为后续客户教育与深度经营提供前提。

需要注意的是，在用钩子产品吸引准客户时，不能与提供专业客观的理财服务过分冲突。理财顾问在针对客户的财务问题进行咨询建议时，可以将问题做层次化拆解，首先聚焦客户的关注点。只要不是错误的理财偏好，即便不是最紧要的，也可以优先满足（成交）。

在钩子产品的选择上，理财顾问可以选择高收益类中高流动性（一般3个月~1年）的、有较低购买门槛的产品。它们的作用是吸引客户注意，促进成交，实现首次购买，建立新客户关系。一般来说，“钩子产品”是消费者最喜欢的产品。

典型的钩子产品有：

- 优质信托产品和阳光私募。
- 明星PE/VC产品。
- 独家代理的部分优质产品。

留客产品

关键词：交易

留客意味着让已经对你有兴趣的客户留下来，继续选择你的服务。当客户有所成交，即面对新成交客户时，理财顾问要思考的是如何满足客户深度的理财需求，以便向他们系统地推荐其他金融产品。

这一阶段，理财顾问需要依据先前确定的客户财务问题层次，逐层推进。在钩子产品之后，为客户提供高度标准化、收益中等或偏低，但具有高流动性、会产生一定交易频率的产品，是一个不错的选择。

这类产品可以有效促成客户的再次购买，沉淀客户的资金，增加客户的钱包份额，同时创造更多接触点及更具黏性的客户体验，巩固客户关系。顾问由此可以有更多机会与客户沟通投资方案的持续与优化。

典型的留客产品有：

- 公募基金（股票型基金、债券型基金）。

- 货币基金和现金管理产品。
- 资产证券化产品。

深度产品

关键词：长期

客户价值管理告诉我们，深度挖掘一位老客户，比开发一位新客户的经济性更高。换言之，维护好一位老客户，深度挖掘这位老客户的价值，比去开发一位新客户的成本更低，收益获取更快。

面对具有一定黏性的客户（既有客户），理财顾问需要考虑对于这些客户的精耕细作、有效经营。此时，理财顾问需要提供期限长、流动性低的产品，对客户价值进行深度挖掘，提高单个客户利润率水平；同时，增加客户忠诚度，锁定客户钱包份额。此时配备的产品类型称为“深度产品”。

通常来说，投资规划与保险规划在中长周期下的效用体现更明显。当客户见证这一解决方案的实现，而你在此行业也获得了更高成就时，其对你的感情与信任是会无限放大的。

典型的深度产品有：

- 寿险类产品。
- 母基金类产品。
- 基金化的 PE/VC 产品。

远离有毒增值服务

几年前，在《钱经》的一篇文章《本土私人银行困局》[①] 中，

① 资料来源：张曦元，曲向军．本土私人银行困局［J］．钱经，2009（2）：34-37.

有这样一个标题“至少咖啡不错”。从“至少”二字，我们似乎都可以想象出我国私人银行在高净值客户心中呈现了一个怎样的形象。

每一个财富管理机构，每一位理财顾问都希望能服务好，甚至去讨好他们的“衣食父母”，以至于各类思虑不周的方法蜂拥而至。有的想尽一切办法体现自己的奢华，有的想尽一切办法体现自己的体贴。但有时候让客户真正动心的，不是“门上那双五彩琉璃门把手”，而是“把家庭的钱和公司的钱分开的建议”。

作为服务行业，服务意识是需要的，细节的把握也是值得肯定的。但问题是，客户对财富管理服务的核心诉求究竟是什么？

解决方案咨询服务

财富管理行业的灵魂是实操，解决方案是终极的财富管理服务；根据客户的财务目标提供最佳的解决方案，实现理财目标，是财富管理的核心工作。很多时候，产品是客户选择理财顾问或财富管理机构的起因，但是，客户对理财顾问的依赖，或者说专业顾问对于客户而言，其价值主要体现在解决方案的咨询建议过程。

某种程度而言，产品是容易被模仿的，但是理财顾问的建议能力一般不容易被复制。专家级的解决方案与金融产品相比，更能提高客户的满意度与忠诚度。研究表明，客户选择理财顾问的主要考虑因素包括：理财服务质量、对客户隐私的保密性、财富管理的安全性、职业化形象、服务声誉和现有客户推荐。

财富管理增值服务

在专业的咨询服务外，精明的客户对于“产品与服务”还有新的期望，期望省时、省力、一站式解决，期待更多增值服务。因此，财富管理机构和理财顾问要提供全面的产品与服务，以及商务与生活方面的其他增值服务。其实，这已经得到很多财富管理机构和理财顾问的重视，只是服务类型有时并不正确。

客户期望的增值服务类型是什么？是全球机场贵宾服务、全方位私人医疗服务？是子女教育、移民咨询、精美期刊寄送、红酒品鉴、高尔夫赛事？还是遛狗、选学校、搜罗艺术品？对于财富管理机构和理财顾问而言，提供哪些服务有助于体现甚至增加自身的专业价值？提供哪些服务则是降低甚至破坏自身的专业价值？这些问题值得我们认真思考。

财富管理增值服务主要由财富规划和生活品质两类构成。财富规划包括财富管理中涉及的法律、税务咨询，以及进一步可扩展至客户企业的投融资咨询等；生活品质是指那些非财务相关领域的增值服务，比如子女教育、医疗健康等。二者相比，对于客户来说，财富规划类增值服务的价值大于生活品质类增值服务。

“我们关注您的财富管理，也关注您财富生活的方方面面。”外贸信托财富管理活动中经常提到的这句话，很好地表现了这两类增值服务的含义。

研究显示，当前中国高净值家庭最关注的财富规划类增值服务主要是税务筹划、家庭财富传承相关咨询、法律咨询和投资移民，最关注的生活品质类服务依次为医疗健康服务、子女教育和高端人士聚会（见图 3－8）。理财顾问在提供核心财富管理服务基础上，适当关注这些客户关心的领域，有助于改善客户体验，增加客户黏性。

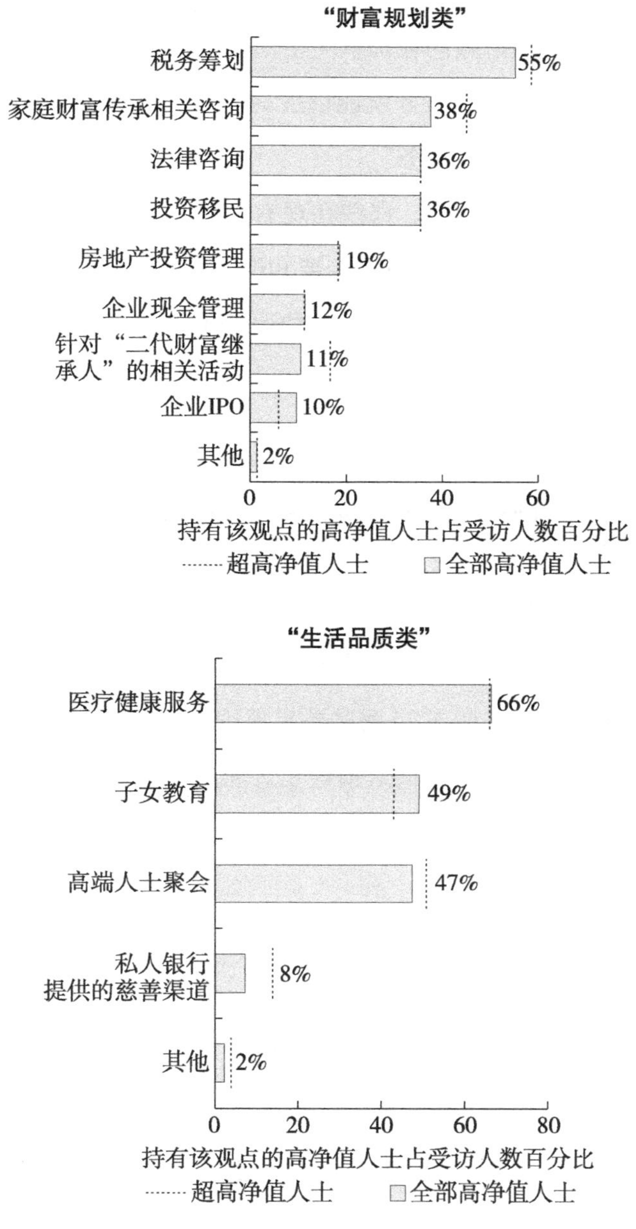

图3－8　中国高净值人士的增值服务需求

资料来源：招商银行，贝恩公司.《2015中国私人财富报告》[R]。

理财顾问应牢记，不要做无谓的服务，更不要做有破坏性的服务。作为个体，理财顾问在提供生活品质类的增值服务时，要小心陷入只要提供多样化的服务就能创造高额利润的陷阱，有的服务往往是破坏价值的“有毒服务”。

而且，需要注意的是，那些在现有资源支撑下可以持续提供的服务才可列入你的服务“菜单”，要知道无谓的增值服务，会给自己带来非常大的成本压力。一旦之前的服务不可持续，给客户造成的负面体验往往令你得不偿失。

专栏3－2

至少咖啡不错——《本土私人银行困局》节选[①]

在根西岛（Guernsey）上注册公司、去加拿大投资矿产、家族企业上市计划、圆明园流落海外的艺术品代购，甚至虚构的豪克斯街24号苏黎世银行巴黎分行古老而秘密的保险箱……这是我们对顶级私人银行的合理想象，镜头从不列颠闪回到北京，难免有“橘生淮南则为橘，生于淮北则为枳”的尴尬。

潘原生（化名）是个地道的中国人，在新加坡注册公司、在中国折腾碳交易项目，1 000多万元身家让他成为本土私人银行家们争夺的对象，顺理成章地，他成了与自己公司业务联系最多的一家国有银行的私人银行客户——按照国际通行惯例，100万美元的可投资资金是所谓“高净值客户”（HNWI）的门槛。他被“分配”到一位笑起来有

① 资料来源：张曦元，曲向军．本土私人银行困局［J］．钱经，2009（2）：34-37.

两颗虎牙但办事干练的女私人银行家手上。熟识之后，潘原生才知道自己只是这位女银行家手中78位客户之一，如果按照对银行的贡献度，他可能只被排列在D级。

“至少咖啡很棒。”被问及半年多来私人银行服务的感想，潘原生很无厘头地说。在他看来，这家私人银行提供的手磨咖啡比每每抛出的“个性化产品”来得精到。

“其实我对股票投资、基金没有太多兴趣，”潘原生坦陈，“一来我手上活钱不多，二来我挺看不上这些基金的收益。倒是前几天我的客户经理跟我提了一个观点触动了我，她建议我把家庭的钱和公司的钱分开。”即使潘原生在认真考虑在公司资产和家庭资产之间竖立这道防火墙，但他也担心这不是一份银行经理撰写的计划书就能解决的。“我38岁，她28岁，赚我的钱还太嫩。”他对私人银行家的水准不以为然。

没有收入项目的财务报表

资产在50万元级别的客户与500万元的客户需求是大相径庭的。前者会满足于资产的增值与简单的投资服务，但高净值客户更需要定制的、个性化产品满足他除了资产保值、增值之外的要求——这段说辞被大规模地用在各家本土私人银行的介绍资料和老总访谈中。

为了匹配“尊享”与“顶级”这样的修辞字眼，银行不遗余力地在私人银行部建设上投掷大量资金，包括匹配行内（包括部分外聘）最优秀的客户经理、豪华地段的选址，甚至私人银行会所的五彩琉璃门把手。关键在于，私人银行部被大多数银行暂时定义为“成本中心”，留住客户、维护有价值的客户成为私人银行家案头最重要的工作。

顶级增值服务

与此同时，潘原生还在私人银行组织的聚会上认识了不少生意上的伙伴。“这样的聚会经常有，我们被邀请到银行，一起听一个讲座或者大家一起坐坐聊聊，更像一个会所或俱乐部。”潘原生描述自己的经历。这与大部分私人银行部门老总希望营造的气氛一致。“我们希望能做一些与众不同的活动，首先让客户感受到银行的增值服务，也能给他们互相交流的机会。”某银行北京私人银行部王总这样定位，“如果只是打高尔夫球，这不是我们私人银行部提供的服务。如果我们请老虎伍兹过来与客户一起打球，那才是真正的尊享体验。”

依照这些私人银行负责人的思路，潘原生的确参加过私人银行举办的各种活动，包括医术名家为客户坐堂诊脉、知名经济学家对外汇走势判断的讲座等。如果统统折成市价，这也是一笔不小的开销。潘原生不知道平摊到自己身上的成本几许，但可以肯定的是，至今他除了存款，还没有为他的私人银行家“贡献”什么像样的业务。

金融产品好比药品，理财顾问好比医生，客户需求则是寻医问药。看病需要的是“对症下药”。我们可以很明显地看到，今天医生“开药方”的能力与整合优质“药品”的能力对于病人恢复健康来说有多重要。

过剩时代，“全”才是王道吗？不一定。正是因为市场上的产品非常多，找到并整合出对客户有价值的解决方案，才是真正凸显顾问价值的地方。客户并不缺乏购买产品的渠道，他们需要的是有人帮助他们进行甄选与整合，基于其财务现实与生活目标，从而获得更加优质的人生状态。

记住，客户买钉子，并不是为了拥有钉子，而是为了挂一幅画。

第四章

风险管理与资产配置

金融业务的本质就是对风险的管理。

在财富的积累、保护与分配过程中，风险如影随形。

资产配置是风险管理最重要的策略之一。

“光有精神没技术不行。”2016年从巴西奥运会载誉归来的郎平教练如是说。

风险（risk），来自拉丁语中的动词recicare，意思是“敢于”。换言之，敢于行动，必然会产生风险。金融市场与社会生活中到处充斥着风险，这要求我们主动抉择或者被动承担。某种意义上说，理财就是一场覆盖个人生命周期，甚至跨代际的风险管理。

理财顾问对于客户的价值，就是通过努力，让他们的生活更加从容与美好。这一方面要求理财顾问能够发现隐藏在客户家庭财富与生活中的潜在风险，另一方面还要围绕客户的财务目标，运用恰当的金融产品与服务，制订最佳资产配置方案。

与大众理财不同的是，财富管理面对的富裕阶层需求更加复杂，实现手段也更多元，不同的处理方式对应的是不同的效应与风险。这些，都需要更高的专业技术支撑。同时，日益复杂的金融环境和成熟的客户，促使理财业朝着专业化和精细化的方向迈进。

理财顾问虽然不需要像保险精算师、金融分析师、投资专家、税务专家等那样拥有精深的分析能力和产品设计经验，但必须对理财的逻辑有深入的理解，知道“鸡蛋”放在哪些篮子里，按照什么顺序放，以及在什么情况下要做调整。

不论是自己成长为理财专家，还是通过团队协作，理财顾问所提供的都应该是客户真正需要的：一份高质量的问题解决方案，并能有效部署与实施。

理财的逻辑

在掌握繁杂的理财知识与技术之前，要知晓理财最基本（本质）的逻辑。

从逻辑上看，理财的最终目标并不是拥有资产，而是实现人生的各种生活目标。在实际业务中，理财顾问要做的事情（也是客户希望理财顾问为他们提供的），是根据客户现有的财务状况，提供理财建议与方案，并整合产品与服务资源，持续动态管理，以达成客户的生活目标。

在实现生活目标的过程中，人会遇到很多需要做出抉择的时刻，也会有很多意想不到的事件发生，令实现周期变得或长或短。尽管人们期望事情都能一帆风顺，但前进的道路上往往布满荆棘。这种导致结果不确定的状况，我们称之为风险。

社会在变革，风险环境也在变化。与财富积累相比，在各种因素作用下，财富损失更易发生。人们常感叹：“金钱来之不易，却离开得太快！”

风险管理是理财逻辑中的关键。帮助客户在社会发展的趋势中趋利避害，是理财顾问的专业价值所在。帮助客户深入地识别风险，然后进行全方位的风险管理，保障财富安全与生活品质的稳定提升，是理财顾问与投资顾问最显著的职责差异。

理财的核心是风险管理

理财要以终为始，站在未来，规划今天。那么，理财的终点是什么呢？

有人说理财是为了赚钱，赚更多的钱。然而，有了更多的钱做什么？买房，买车，为子女教育、家庭旅游、品质医疗付费……

人们想得到更多的金钱，实则是想为生活品质提供更多的保障，希望过上美好幸福、更有品质的生活。因为每个人都有个性化的生活目标，所以对于“美好幸福”的定义千人千面，各有不同。然而，富足自由的人生需要理性的规划。感性的“幸福”只有落实到一系列可定性（刚性需求、可变需求）、可量化（规格大小）的生活目标时，才能被更好地实现。

既然理财的最终目标是帮助人们实现人生中的各类生活目标，那么通过仔细思考就不难发现，不论这些生活目标是当下的、未来的，是自己的、家庭成员的，甚至是社会的，它们都属于一个主题——财富分配。

财富分配的对象、目的、时间、方式等是多维度的，比如子女教育、退休养老、置业、继承等。财富分配的时机可能是当下的，也可能是平摊在长时间周期里的。

实现这些生活目标，需要增加收入、积累资产，这个过程我们称之为财富积累。现金流的改善与资产的增加都属于财富积累，它们最终会体现为客户资产总量的增长。在积累资产的过程中，一方面是将劳务收入转化为各类资产，另一方面要学会利用金融工具，通过对各类资产（可投资资产、自用资产、另类资产等）的打理，不断创造出增量财富。

《史记·货殖列传》有云："无财作力，少有斗智，既饶争时。"图4－1显示了不同财富水平的财富积累策略。

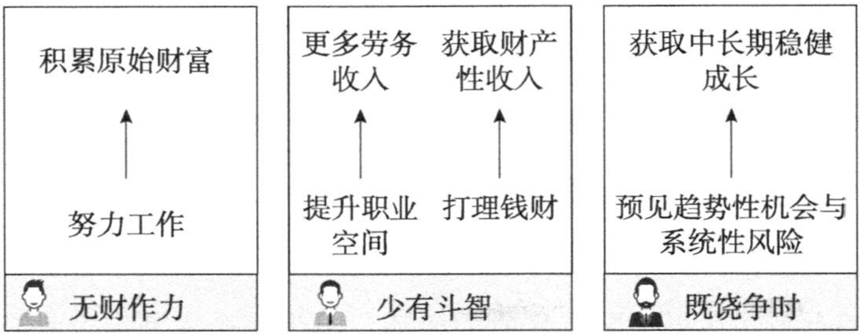

图4－1　不同财富水平的财富积累策略

一个人刚踏入社会，需要通过付出时间、体力等必要资源努力工作，进行原始资金积累，即"无财作力"。工作一段时间后有了一点积蓄，一方面继续努力提升职业空间，获得更多的劳务收入（主动收入）；另一方面开始尝试打理钱财，进行风险投资，增加财产性收入（被动收入），即"少有斗智"。当财富非常多时，勤奋程度与投资技巧的重要性相对降低，能否预见未来的趋势性机会及系统性风险变得更为重要，即"既饶争时"。

由此可见，财富积累的策略随财富水平不同而有重大差异。对于高净值客户来说，勤奋程度与投资技巧已没有那么重要，他们需要的是"趋利避害"，对于趋势的把握。换言之，他们不需要关心如何看K线图，他们需要知道的是未来经济周期乃至社会趋势是什么，以什么样的心智与准备来应对这种趋势，以此实现持盈保泰。

当前，我们迎来变迁时代，风险环境与触发机制已经发生了深刻的变化。在财富积累上，以前很成功的方法现在很可能成为下一周期失败的诱因，而以前我们看不到、看不起的东西，反而在未来可能成为主流。

2008 年次贷危机以来，一些固守在传统实业里的人无法抽离，早年从贸易或房产中赚得的钱投入煤炭、钢铁里一蹶不振，原因就在于对经济趋势缺乏预见性，导致判断失误。

金融工具从来只有特点，而无优缺点，它们有各自的风险收益特征，只有通过合理选择与组合，才能发挥出最大效用。这些选择和组合的技巧，我们统称为理财技术。

理财技术需要融合专业知识与实务经验，需要系统化的学习与丰富的实践训练。正是由于理财技术的复杂，多数客户在理财方面才需要专业顾问的建议。可选择的金融工具越多，或家庭生活目标越复杂，越需要高水准的理财技术将二者成功联结起来。

我们不断地用各类金融或其他诸如创业等方式积累财富，以便实现各类人生目标，但在此过程中必然伴随各种风险，我们需要对其进行管理，确保从“财富积累”到“财富分配”之间的路径畅通。这一过程，我们称之为“财富保护”，即防范和控制各类风险事件的发生，进行有效的风险管理，防止或减少财富损失。

总结来看，理财涉及 3 个维度：财富积累、财富保护和财富分配。风险管理承载了从积累资产到生活目标实现的全过程控制，如图 4 -2 所示。从某种程度上看，理财本身就是一个风险管理的竞技场。

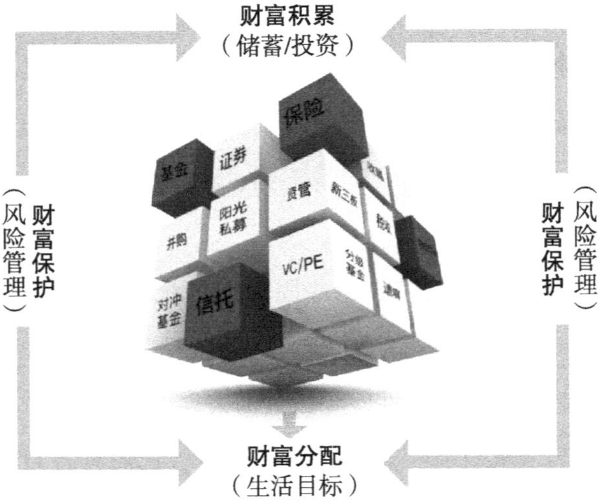

图4－2　理财的逻辑

风险需要被经营

通常，我们将风险定义为事件在未来发生的不确定性与波动性两种情况。在风险投资中，风险往往指“波动性”，可能带来损失，也可能获得收益。但我们在财富管理中提及的风险主要指“损失”或“隐患”，特指财富减少或生活品质恶化。

风险是客观存在的，风险事件的发生不以人的意志为转移。

不同于农业时代财富的失去是一个相对缓慢的过程，当前，我们处在一个风险快速转换的时代，一个偶发事件就可能一夜之间导致财富全部灭失。然而，如果没有特殊原因，大部分人的财富积累过程却相当缓慢。如果不能正确应对风险，那么希冀过上富足从容的人生将非常不切实际。

厌恶损失、“讳疾忌医”是人性的本能反应。对于风险损失，很少有人做深入分析。然而，了解损失的层次，有利于我们更好地理解“风险”。根据程度不同，风险损失分为机会成本、资产减值、资产灭失和形成负债4个层次，如图4-3所示。

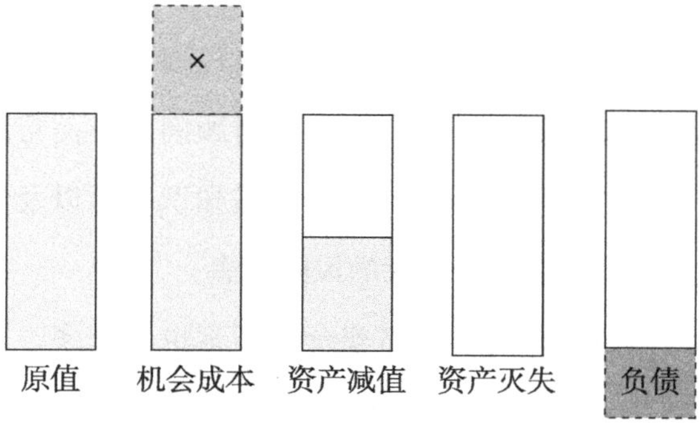

图4-3　现代社会风险损失的4个层次

机会成本是高净值客户最常产生的损失。例如，张先生原本拥有一个机会，将手上的1 000万元资产增值为1 500万元，然而他却没有抓住这个机会，没能获得这笔收益。那么，尽管他的1 000万元并没有减少，这“可得而未得”的500万元对他而言仍然是一种损失，即“机会成本”。

“资产减值”是大多数客户在谈及“损失”时的第一反应，也是最容易理解的狭义上的损失。例如，张先生在股市中有1 000万元投资，他有机会把这部分资产转移到其他投资上，却没有这么做，最终导致1 000万元亏损至600万元，这种损失就是所谓的“资产减值”。

然而，“减值”并不是最大程度的损失。假设当时张先生不但坚持将资产放在股市中，还加了杠杆，那他的这部分资产可能会直接变为0。这种情况，称为“资产灭失”。

“资产灭失”是损失的极致了吗？当然不是。凡是关注投资理财的人，相信都对有“金融鸦片”之称的 KODA[①] 产品并不陌生。在 2008 年，就曾发生过诸如赖建平律师等高净值客户因投资 KODA，不仅本金全部亏损，还欠银行巨额款项的悲催事件。

一般来说，富裕人士财富增长到一定规模，会进入特定的轨道中沿着自然路径继续增长。他们希望理财顾问一方面帮助他们看到未来的投资趋势，另一方面帮助他们突破知识盲区以及性格上的缺陷，洞察其生活中未被发现的大的风险隐患。

拥有财富量越多，影响财富安全的因素也会越多，富裕客户关心的风险范围与中产客户关心的范围会有较大区别。

理财顾问希望成为称职的财富管理专家，前提是要成为一名风险管理专家。只有识别富裕家庭可能面临的风险因素，掌握相应的控制与管理方法，才能制定切实可行的策略与解决方案，进而帮助客户实现期望的生活目标。

富裕家庭的风险环境

风险因素多种多样，多数情况下，客户认为风险无外乎生活中的天灾人祸，还有投资中的市场波动。但实际上，有一些风险被我们忽视了，比如人性局限所带来的行为偏差、特定职业所带来的财务风险、商业环境变化带来的企业经营风险、社会政策变化带来的税务风险……

基于多年服务实践，我们将富裕家庭面对的理财风险总结为 5 个层次，分别是个人风险、家庭风险、族群风险、社会风险和自然

① KODA，全称 Knock out Discount Accumulator，累计期权计划，是一种极其复杂的金融衍生品，可以和外汇、股票、石油期货等挂钩，通常合约期限为 1 年，具有非常大的风险性，在美国被禁止出售。

风险，如图 4－4 所示。

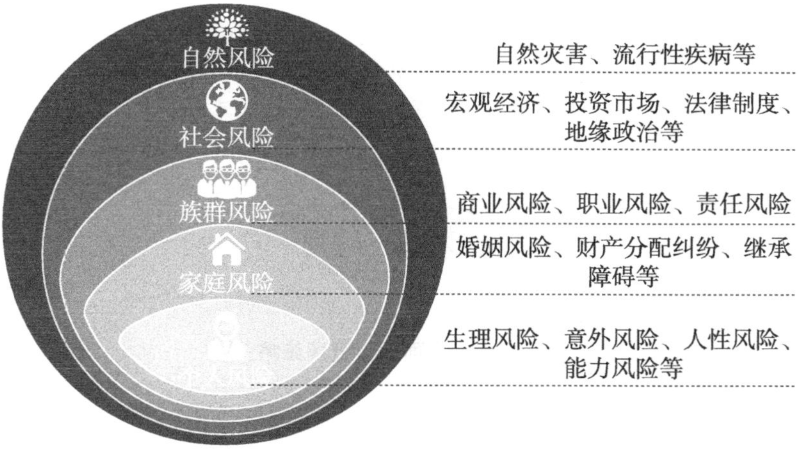

图 4－4　富裕家庭面对的理财风险

如何管理这些风险因素？

“（风险）可能不算什么，怕的是出现了失误以后不知该如何应对，如何自控，毕竟出错是在所难免的。”“全球资产配置之父”加里·布林森（Gary P. Brinson）曾经这样说。

识别风险后，我们需要针对风险的不同属性对其加以管理。

对于风险管理，很多理财顾问或者客户第一时间会想到保险。其实，保险只是风险管理的策略之一。以疾病风险为例，个人保持良好的生活习惯是一种主动规避策略，定期体检是一种控制策略，购买保险是一种事后损失转移策略。

理财顾问在对风险有了深入的理解后，运用全面风险管理策略（见图 4－5），可以帮助客户制定更好的财务规划。

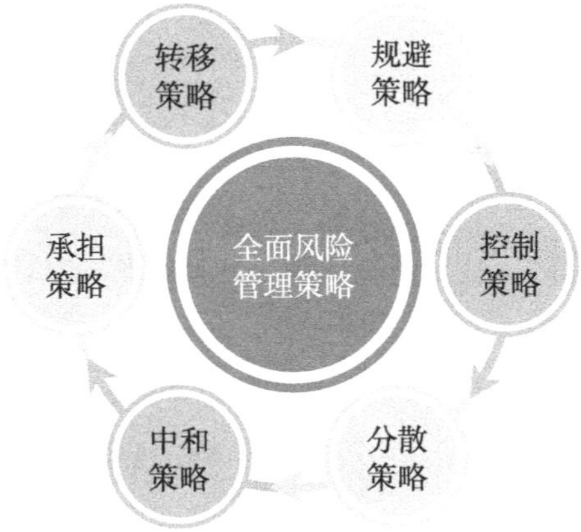

图4－5　全面风险管理策略

全面风险管理包括以下策略：

规避策略：主动回避风险

风险大致可以分为两类，一类是中性的，其结果可好可坏；而另一类明显只能带来损失。针对人生中那些显而易见的风险（只要发生，就肯定会带来损失的风险），我们要主动规避它。比如，酗酒、飙车、赌博、熬夜等。

控制策略：评估可能性后予以控制

有些风险，发生过程是渐进的，可以通过评估机制发现它，进而管理它。比如年度体检，通过多项检查指标评估身体患病的可能性，发现险情，及时调整膳食结构或者采取积极预防和治疗措施，可以防微杜渐，避免积重难返。

分散策略：不让风险集中释放

生活中有很多风险一旦发生，造成损失极大，但管理起来成本也非常高，这时通常采取的策略就是分散标的。比如，担心货物发生火灾，可以通过分散到多个仓库存储来分散风险；担心房产会发生市场风险，则会选择在多国或多地区配置房产来分散风险，或者是在住宅、商铺、旅游地产等不同类型之间进行分配。

中和策略：好坏消息相抵消

对于难以规避、管理起来成本较大的风险，可以利用不同风险负相关的关系，对风险进行中和。比如，债市好的时候，股市不好，资金在股、债之间进行分配；买入股权看涨的同时买入期权看跌——通过这些方式来避免总资产价格大幅震荡。该策略主要被用于对冲基金、套期保值等领域，往往利用金融衍生品来完成。

承担策略：小概率的风险自担

对于那些发生概率小，或者概率虽大但损失不大，或者管理成本特别高的风险，我们一般会自我承担。比如，轻微的医疗与意外伤害风险。

转移策略：寻找外部的承担者

有一些风险很难在事前防范，而一旦发生，损失较大，但管理成本不高，这时可以通过购买保险进行风险损失转移。比如火灾、地震、重大疾病，一旦发生，会给财务造成很大的打击，但是可以通过保险这种互助机制，将风险损失转移出去。

专栏 4－1

家庭财产归属分割风险与保险设计①

家庭财产的归属通常是婚姻风险发生时一个最易引起争议的问题。哪些财产属于夫妻共有财产，哪些属于个人

① 该案例摘自于永超律师的 CWMA 课程课件“财富保全与传承的法律规划”。

财产？法律上的界定与很多人观念中的认知是存在较大差异的。

夫妻在婚后所取得的财产都属于夫妻共有财产，包括工资、奖金、住房补贴、公积金、破产安置费等。特别容易发生归属问题的两类财产是生产经营收益和婚姻期内容易发生混同的财产。

生产经营收益

企业主因拥有企业股权，即便这个股权是个人财产，每年得到的分红也是夫妻双方共有财产。而如果在婚姻存续期间发生股权变更，变更后夫妻一方虽然名义上不拥有股权，但另一方拥有的股权也属于夫妻共有财产。

婚姻期内容易发生混同的财产

夫妻一方发生继承或接受赠予时，易发生财产混同。比如，女方父亲去世，留给女方一笔财产，但未特别指定，那这笔财产就是夫妻共有财产。

对于婚后仍属个人财产的，主要有：婚前的个人财产，父母在遗嘱中专门指定给到自己的子女而不含其配偶的财产，父母生前赠予时做出声明给自己的子女而不含其配偶的财产，夫妻在婚后通过书面约定属于一方的财产。

图 4 –6 对夫妻共有财产和个人财产给出了简要说明。

我们来看一个实际案例。女方在婚前，从父亲李总处获取婚嫁金 400 万元。男方家出钱，以男方名义买了婚房。女方拿出 400 万元中的 120 万元进行装修。婚后，女方用剩下的 280 万元加上男方的 20 万元，合计共 300 万元，买了一个年化收益为 10% 的理财产品。如图 4 –7 所示。

哪些是夫妻共有财产？

夫妻在婚后所取得的财产 → 工资、奖金、住房补贴、公积金、破产安置费等

容易发生问题的点：
- 单方所继承的遗产如未特别指定，属于夫妻共有财产
- 单方股权分红与股权增值都属于夫妻共有
- 股权变更后，也算夫妻共有

哪些是丈夫/妻子的个人财产？

婚前的、指定赠予和继承的、夫妻书面约定的财产 →
- 婚前财产
- 父母遗嘱当中专门指定的
- 父母生前赠予时做出声明的
- 夫妻在婚后书面约定的

图 4－6　夫妻共有财产与个人财产

结婚时：

女方父亲给女儿400万元嫁妆：
- 120万元 —用于装修→ 婚房
- 280万元 →

男方父亲给儿子一套婚房+20万元：
- 婚房
- 20万元 →

280万元与20万元合在一起购买300万元的银行理财产品

图 4－7　案例背景

婚后不久，小两口由于性格不合发生争执，起诉离婚。那么，这些财产要如何划分呢？如图 4－8 所示。

离婚时——法律判决：

女方获得：
- 小于120万元的装修款折价
- 理财产品150万元的本金及收益

男方获得：
- 婚房
- 理财产品150万元的本金及收益

图 4－8　案例判决

李总给女儿的280万元，本来是婚前财产，属于女方个人所有，但因婚后账户管理不善，在购买理财产品的过程中，将个人财产混同为家庭财产，账户资金专属很难界定。

李总在给女儿钱时，万万没想到这样的结果。女方损失了大部分原本属于李家的财产。

李总在女儿结婚时对赠予女儿的财产（或女儿在结婚时对属于自己的财产）没有进行合理的安排与规划，才导致婚姻破裂时大笔财产的损失。

婚姻对于财产的潜在风险如图4－9所示。

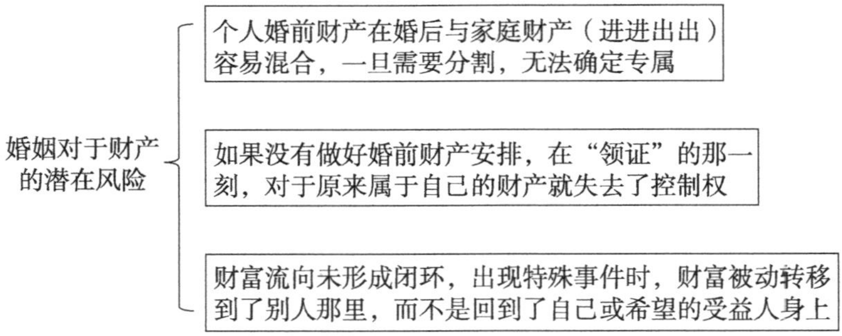

图4－9　婚姻风险中的家庭财产归属争议

如何守护婚姻家庭财富呢？任何一桩婚姻财富的守护，都不是一个办法能够完全解决的。家庭婚姻财富的守护方案，实际上是一整套完整的解决方案。需要根据不同的家庭结构、财富结构，以及婚姻状况做综合考量，然后再进行规划。

可以运用的主要守护方案，如图4－10所示。

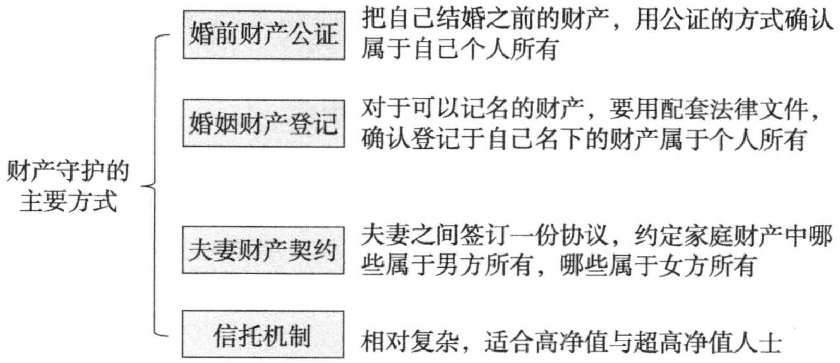

图 4－10　财产守护的主要方式

这里重点介绍用保险方案锁定个人财产的方法，也是相对易操作、易管理的途径之一。在此案例中，李总赠予女儿的 400 万元，如果运用保险，可以选择两种方式，如图 4－11 所示。用保单锁定个人财产需要注意的事项，如图 4－12 所示。

以保险为例

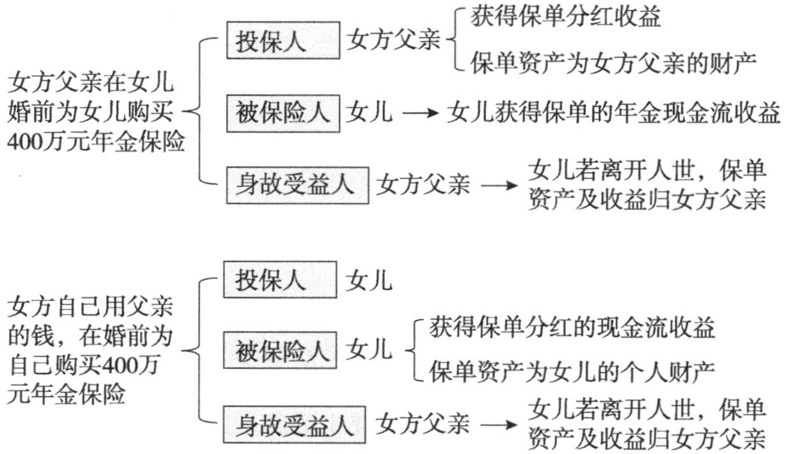

图 4－11　运用保险锁定个人财产的两种方案设计

这份保单的作用——闭环　　财产最终都会回到女方自己家里（自己与父母），女方完全掌控，不至于与婚后家庭财产混合，财产与丈夫的个人财产及夫妻共有财产进行彻底隔离

↓

保单锁定个人财产注意事项

女儿投保	保费一次性交给保险公司	投保的钱在自己名下账户，该账户不进出其他钱
女方父亲投保	保费若分期缴纳，则必须完全从父亲自己的账户出钱	明确这笔钱是给女儿的（投保资金归属问题）

图 4－12　方案注意事项

这样的家庭财产安排起到了防火墙的作用，既保护了女方财产，不至于在发生婚姻危机时进行分割，同时也避免了夫妻之间因这部分财产的归属而产生分歧，甚至恩怨。

在该方案中，人寿保险的优势在于，它是一种法律架构。保险合同基于《保险法》，是一种法律契约。保险公司、投保人、受益人、被保险人这些保险架构中的当事人，都受契约和法律保护。客户财产可以在这个架构下得到保护，不受任何质疑。

适度承担风险的必要性

承担高风险不一定会带来良好回报，但高收益通常需要适度承担风险。主动进行风险管理，并非保守的表现，它更多是在审慎的基础上，规避极端风险对财富积累或生活品质的影响。风险无处不在，如果对风险有正确认识、有效识别、妥善管理，不但可以避免损失，甚至还可能获得财富。理财顾问的核心竞争力表现之一便是

对于风险的经营能力。

例如，投资者 A（积极型）与投资者 B（稳健型），初始投资资金均为 100 万元，投资期 10 年。其间大部分年度，投资者 A 的当年投资回报率都超过投资者 B，但在第 6 年投资者 A 的投资出现了 40% 的亏损，如图 4－13 所示。投资者 A 与投资者 B 的投资资产变动情况如图 4－14 所示。结果在投资结束时，投资者 B 的收益明显比投资者 A 多。

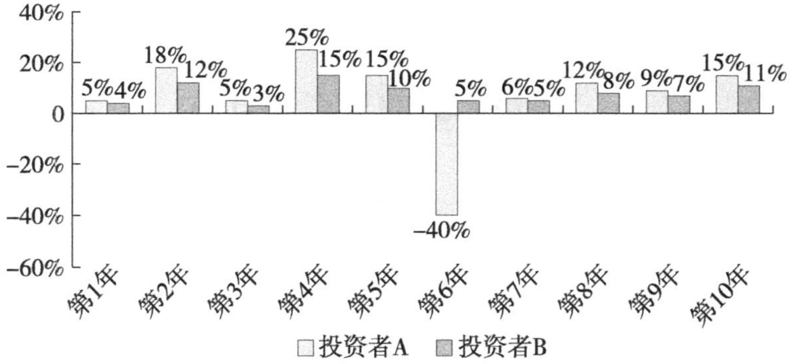

图 4－13　投资者 A 与投资者 B 每年年化收益演示

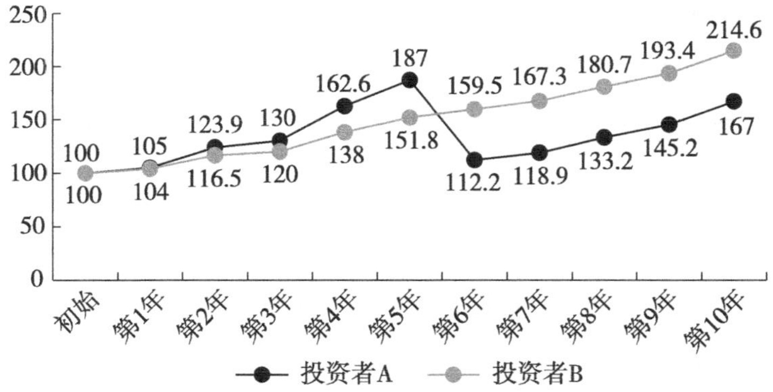

图 4－14　投资者 A 与投资者 B 投资资产变动情况演示（单位：万元）

造成这样结果的原因是稳定的投资收益所带来的复利效应。

投资者B是在波动率较低的情况下取得这些收益的，每一项年化收益都是在平稳增值的资产额的基础上获得。而投资者A由于投资风格激进，虽然9年的收益幅度都高于投资者B，但当极端风险来临时，损失巨大。第6年，投资者A的投资本金大幅下降74.8万元。综合起来，投资者A的平均年化收益率为7%，投资者B的平均年化收益率为8%，投资者A多数年份的较高年化收益率并没能为其扳回胜局。

富裕家庭的资产配置

风险不是一个静态指标，它是动态变化的。宏观经济总是处于不同的周期变化之中。在不同的经济环境下，在经济周期的不同阶段，风险特征各不相同。

理财规划以人为本，围绕人的生活目标展开。不同的人生阶段，我们的需求不同，其间的风险承受能力也有差异，自然在大类资产的安排上也就有所不同。

在攀登人生的高峰时，选择不同的路径，到达目的地所遇到的阻力和要付出的努力也不同。

不论是动身旅行，还是进行财富管理，事前准备工作至关重要。明确的目标和计划周详的路线是成功的关键。如图4－15所示。

落实到家庭理财，最为重要的就是明确理财的目标、思考的起点和决策的依据。

首先，确认要攀登哪座山峰，即确立家庭财务目标。这个目标是指一个人或其家庭期望达到什么样的生活状态，家庭的梦想是什

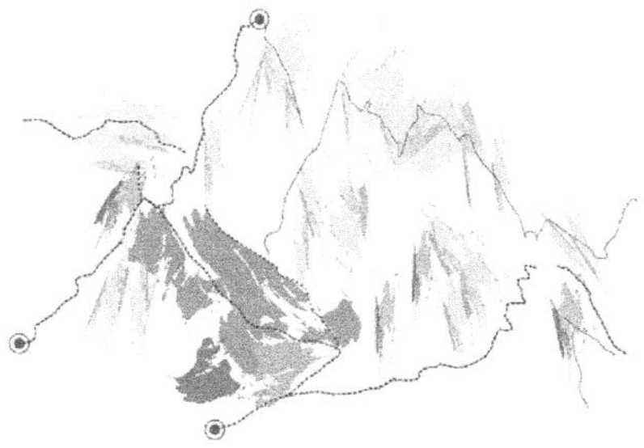

- 所处位置？
  你当前的财务状况及个性
- 去往哪里？
  务实的终点与最佳路径
- 带什么东西？
  战略资产配置（SAA）
- 如何针对意外情况进行调整？
  战术资产配置（TAA）

图 4-15 财富管理如同登山

么，有什么担心和忧虑。要判断目标的规格及属性，它是必须解决的问题，还是可解决也可不解决的问题？要解决到何种程度？需要匹配的资金量是 100 万元，还是 1 000 万元？

其次，评估现状。现状是你目前的资产状况、你所掌握的资源，以及具备的条件。

最后，确定路径，即判断自己可以拿出多少本金，在什么样的制度安排中去实现这个目标，保证多大程度上实现这个目标？

只要进行理财，就离不开这一思路。目标为规划指明方向，对现状的合理评估则帮助个体和家庭确认自身与目标之间的距离，从而明确路径选择的可能范围。

在奔向目标的过程中，人们需要携带必要的工具，并根据意外情况及时进行路线调整。也就是说，要达成财务目标，就要合理有效地运用财务工具和手段，要有必要的现金流，有一定的储蓄，有投资获利……今天在投资理财中，一个被广泛应用的原理就是“资产配置”。

资产配置理论虽然源于资产管理，但加入多元化资产以及理财目标后，便被赋予了深刻的财富管理内涵。

了解并掌握资产配置原理，是理财顾问提升专业技术的关键。

资产配置实现最优回报

要理解资产配置的内涵，我们需要从两方面入手：一方面是从风险管理策略角度，另一方面是明确资产配置的由来与原理。

从前文我们谈及的风险管理策略来说，资产配置属于分散与中和策略。

在风险管理的实践中，对于涉及人的风险，我们常运用规避、转移或承担策略；而对于涉及财产的风险（主要是非系统性风险），更多运用的是分散和中和策略。

分散化最直观的解释就是“不要把鸡蛋放在同一个篮子里”。通过持有多元化资产，利用不同类型资产之间的相关性（在同一市场环境里不同资产之间表现的差异性），可以强化资产的抗风险能力，以及保持投资情绪的稳定，进而保证理财结果的可靠性与投资者生活状态的稳定提升。正如莎士比亚在《威尼斯商人》中所说：“我的买卖并不完全委托给一艘船，更不是依赖于一处地方。我的全部财产也不会因为这一年的盈亏而大受影响，所以，我的货物不会令我悲伤。”

而了解资产配置的由来，我们则需要翻开1952年的一篇论文。

1952年，马科维茨（Harry M. Markowitz）在《金融》（*Journal of Finance*）杂志上发表了一篇仅有14页的论文《资产组合选择——投资的有效分散化》，成为现代金融理论史上的里程碑。其所提出的理论被称为现代资产组合理论（Modern Portfolio Theory，简称MPT），也有人称其为现代证券投资组合理论或投资分散理论。

这一理论的依据是，所有的证券不会同时涨落，由于市场各种因素的刺激，有的证券会涨，而有的就会跌。这些证券之间的相互关系被称为“协方差”，利用“协方差”可以在不影响投资组合整体收益的前提下有效降低其整体风险。①

现代资产组合理论的主要结论是：

（1）投资必然含有风险，对一项投资，我们要同时考虑其风险和收益，而不能只关注报酬率的高低。

（2）投资组合的风险通常低于组合中单一资产风险的加权平均值。只有通过适当的资产配置，才能有效地降低投资组合风险，并提高投资组合的预期报酬率。

在该理论被提出之前，主流的投资理念是，在可能获得最高收益的地方进行“集中投资”，投资强调交易能力、择时择券的能力。因此，该论文一出，立刻引发了巨大争议。

1986 年的《金融分析师杂志》刊载著名文章《有价证券组合业绩的决定性因素》，作者布林森（Brinson）、霍德（Hood）和比鲍尔（Beebower），简称 BHB，运用大型养老基金数据库进行研究，假设条件是只有 3 种决策——资产配置策略、市场时机选择、证券选择，会对投资组合的业绩表现有影响。

BHB 的研究结果是，同一养老基金投资业绩随时间变化的差异，约有 93.6% 可由资产配置因素解释，远高于由市场时机选择（1.7%）和证券选择（4.2%）解释的部分。② BHB 这项研究的结论是资产配置策略（资产种类选择及其权重）使主动投资策略对投资收益的贡献减少。3 位作者在论文中这样说道：“你应该忘掉市场时

① 资料来源：明茨，戴金，威尔逊．超越华尔街：8 位顶级投资大师的成功秘诀［M］．李风，刘畅，译．北京：中信出版社，2008：204.

② 资料来源：埃文斯基，霍伦，罗宾逊．新财富管理［M］．瞿立宏，杜野，张雄杰，译．北京：机械工业出版社，2015.

机选择；你应该忘掉个股选择；在投资组合的收益中，几乎94%可以由其资产的配置来解释；你应该做一个资产的配置者。”①

概括来说，资产配置是现代投资理论的核心内容，是基于大类资产在不同经济周期和市场环境下的不同表现（各类资产表现不存在100%的相关性），把各类资产纳入统一组合中，从而有效降低整体资产组合波动性或显著增强预期收益水平。

1990年，马科维茨与威廉·夏普、莫顿·米勒共同获得诺贝尔经济学奖。从此以后，现代资产组合理论受到资产管理公司广泛重视。有“华尔街资产配置第一人”之称的摩根士丹利全球资产管理首席策略师戴维·达斯特（David M. Darst）指出：“资产配置的主要优点之一是它改善了投资组合的风险－回报平衡……通过多元化，资产配置寻求在一个较长的时间跨度内实现更高的回报和更低的风险。”②

常规意义上人们认为，高收益对应高风险，低收益对应低风险。而资产组合理论告诉我们，应该找到风险收益比最佳的状态，不承担无谓的风险，讲求均衡。

首先，有效的资产配置可以实现最优回报。所谓最优回报，就是在所有的资产组合当中，在特定风险水平下，理论上投资者可以找到一个收益最高的组合；反向来说，在同样的收益水平下，可以找到一个风险最低的组合。它们都属于所谓的最优回报。

其次，虽然资产配置并不能直接保证实现高收益，但如果投资

① 资料来源：BRINSON，HOOD，BEEBOWER. *Determinants of portfolio performance*. Financial Analysts Journal，1995（Jan/Feb）.

② 资料来源：达斯特. 资产配置的艺术［M］. 段娟，史文韬，译. 北京：中国人民大学出版社，2014.

者能够持续地去做动态配置，找到最优回报，可想而知，拉长时间来看，其就会累积出高收益。

那么，资产配置是万能的吗？答案是否定的。资产配置也存在一定的局限性。

第一，资产配置的目的是将多种资产组合后，降低任意单一资产的风险。所以，在投资组合当中，当资产数目增加到一定程度的时候，它可以显著降低单一资产的风险，可以有效分散非系统性风险（non-systematic risk）或非市场风险（non-market risk），比如某个上市公司股票或某只债券的价格暴跌，但是它并不能降低系统性风险（systematic risk）或市场风险（market risk），比如利率风险或购买力风险。

第二，当资产相关性失灵时，资产配置效果受限。所谓的资产相关性，是指不同资产的价格呈现出一定的线性关系，比如通常情况下，债市跌，股市涨，这就是一种负相关。如果原油涨，黄金也涨，这就是一种正相关。当然，还有很多资产之间是弱相关的，完全的正相关和负相关，通常并不多见。在社会出现重大科技进步，制度发生根本性的变革，以及极端情况下的危机发生时，资产之间的相关性会表现出不规律的走势，可能出现单边上涨或者全线下跌的情况。

例如2000年以来，中国工业化进程掀起了一波城市化的浪潮，这期间房地产价格呈现出绝对上涨。这时候，如果把钱分散到很多资产类别当中，虽然风险分散了，但是这种房地产单边上涨的机会也就捕捉不到了，因此资产收益也会比较低。

而2008年在股灾很恐慌的阶段，股票、债券、房产、黄金、商品是全线下跌的，资产之间并没有起到很好的风险分散与对冲。这时候，持有现金反倒变成了投资者最正确的一个选择。这就是资产相关性失灵的表现。

此外，资产配置还受到一些客观因素约束。比如投资者的风险承受力难以有效观测。又比如投资者因为自身性格与市场情绪造成行为偏差（过度自信与谨慎），从而影响到风险偏好的真实判断等。

因此，资产配置是有条件的，甚至是有代价的，见图4－16。

如果不做资产配置，一个资产的波动程度可能有很高的涨幅，也可能有比较大的跌幅。如果做了资产配置，整体投资组合的收益波动幅度可能就会明显减小，假如取个理想数值，就在中间的平均线。由这两个投资组合很明显能够看出，波动的这条曲线实际上在行情好的时候是有超额收益的，而做了资产配置（图中直线），则会错过这部分超额收益。

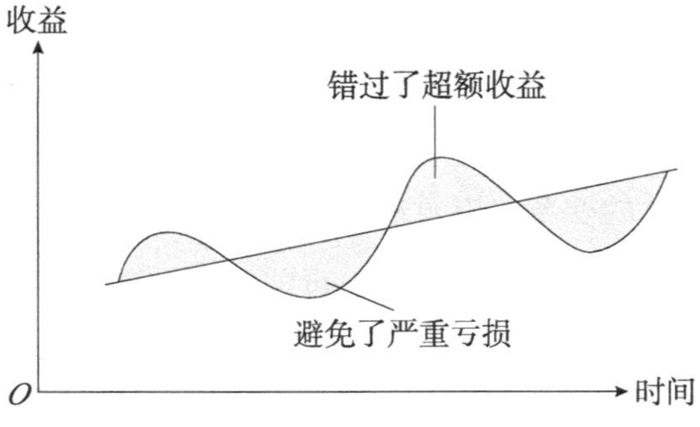

图4－16　资产配置的代价

在这种情况下，其实很多投资者就要忍受比较大的情绪上的挑战。因为做了稳健的资产配置，虽然大跌的时候没有发生重大损失，平时的波动性比较小，也不用很操心，但是当看到其他投资者获得很大收益的时候，我们往往就很受煎熬，毕竟人的幸福感有时候是建立在“比较”的基础上。如果其他的投资者，甚至水平还不如我们的投资者，在牛市当中取得远远超过我们的收益，就会给我们造成较大的心理挑战。所以，资产配置的第一个挑战往往是对人性的一种挑战。

资产配置的另一个局限在于，它还是有门槛的。所谓门槛，表现在4个方面：

- 对资产量级有要求。可以想象一下，要做一个跨市场、跨国别、多币种的资产组合，尤其是金融市场还不是很成熟的阶段，好的（非标）投资品种往往都是有资金量要求的。如果一位投资者资金量级不够，就很难真正分散到各种资产当中去。
- 对专业水平有要求。因为一个人的精力与专业都是有限的，很难同时兼顾很多市场里面的风险收益特征。所以即便有钱，有时候也不知道把它投到哪里好。
- 对时间有要求。很多投资品都是7×24小时的市场，随时可能有“黑天鹅事件”出现。对一位普通投资者来说，想在全球范围内或者是多个市场范围内，持续跟踪，并且做实时的产品适配和选择，如果不依赖专业团队或者机器智能，根本没办法实现，难以持续保证资产的最优化组合。
- 对投资者性格有要求。2013年诺贝尔经济学奖得主罗伯特·席勒（Robert Shiller），首先把心理学和行为学引入金融学中。他认为人作为情绪的动物，很难在市场当中保持足够的理性，让市场达到一个完全透明、有序、有效的状态，这也就是我们常说的知易行难。尤其像包括羊群效应、过度自信

> 等在内的行为偏差存在，在市场狂热或者恐慌的时候，人们即便知道某些行为是对的，也可能不会去执行它，而对一些错的事情，仍然会忍不住地要操作。

所以，资产配置并不是免费的午餐。

虽然资产配置有局限甚至有代价，但仍能被全球资产管理和财富管理行业奉为经典，一个很重要的原因就是它能相对控制资产的波动程度（标准差），尤其是最大回撤。所谓最大回撤，就是当我们进行一项市场投资的时候，假如我们很不幸，从最高点买进到最低点卖出时所承担的亏损程度。

有效的资产配置不仅可以降低常态的波动程度，还可以让我们避免最糟糕的时刻。虽然它在实际投资当中无法完美地呈现，但是它给我们提供了一种思考方法，提供了一个方法论。透过长期的市场观察和统计，我们可以得到一些基本的经济周期与资产价格运行规律，以及各类资产在不同市场周期当中的配置价值，从而构建符合我们理财属性的资产组合，进而实现期望的财务目标。

富裕家庭资产配置“球场”CMS 模型

人生的困扰，大多源于金钱的匮乏或处置不当。有效的大类资产配置不仅有利于我们对抗风险、积累财富，还有利于我们从纷扰的投资市场中释放出来，用简洁的方式去分配一生创造的财富，拥有富足自由的生活。

家庭大类资产配置与现代资产组合理论逻辑一致，但又存在一些不同。家庭资产配置考虑的不完全是收益与风险的最优配比，而是主要考虑家庭不同阶段的生活需求及目标。

当处于不同的财富阶段时，家庭的需求和关注焦点会发生变化，因而家庭资产组合中相应的资产种类和比重就要发生变化。对此，戴维·达斯特做了很好的归纳，见图4-17。

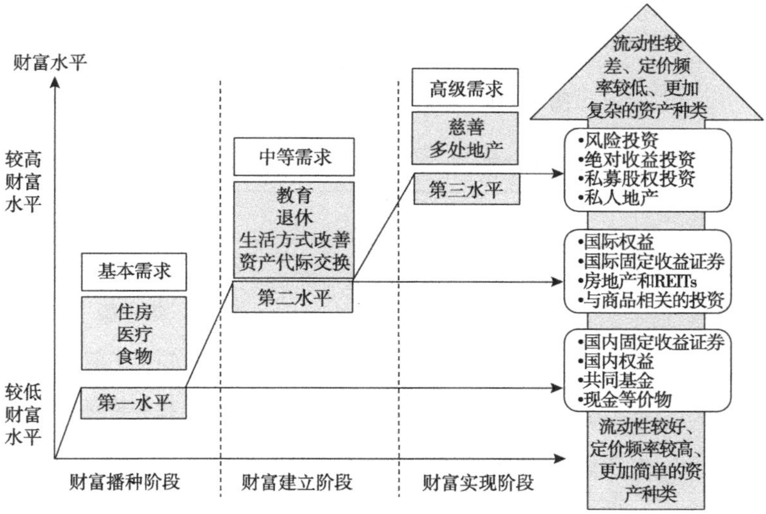

图4-17 资产配置应与投资者财富水平和生活需求匹配

资料来源：达斯特. 资产配置的艺术［M］. 段娟，史文韬，译. 北京：中国人民大学出版社，2014：18.

从资产管理角度看，我们可以基于自身财富水平与家庭阶段，在特定风险承受能力与投资偏好下，对资产做战略-战术配置。战略性原则包含了资产配置和投资活动的大的、总的方向和目的，而战术性原则涉及每天在金融竞技场上投资者意图的具体执行。落到实务层面，战略性原则是依据投资者的生活目标和风险偏好将资产做核心（core）资产与卫星（satellite）资产的类别划分，而战术性原则涉及具体资产的选取标准、比例设定及调整准则（详见图4-18和表4-1）。对于资产组合的各自比例，我们可以基于市场展望和投资经验去做或积极、或稳健，抑或保守的选择。

将投资组合分为两个部分：

1.核心投资组合

是投资组合的核心

依据投资者本身风险属性所建立的投资组合部分

2.卫星投资组合

占整体投资组合的小部分

主要目的在于抓住短期或高风险的机会

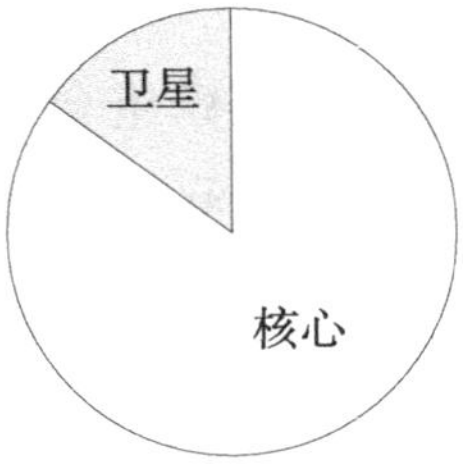

图 4-18　核心-卫星资产配置模型

表 4-1　核心-卫星投资对照

对比项	核心投资	卫星投资
投资方向	投资组合收益	把握时机
风险程度	分散型	集中型
投资期	长期	短至中期
流动性	相对较低	相对较高
形态	• 投资组合设有核心投资部分以配合客户的风险形态 • 核心投资部分采取长期分散投资的策略，争取资产稳健增长，保护其不遭受大幅损失 • 核心投资部分的表现应以投资组合的波幅度量	• 卫星投资部分的资本旨在把握短期投资机会，或高风险、高收益投资机会 • 卫星投资部分的表现应以实际可获得的收益评定
描述	理性投资	感性投资

从财富管理角度看，生活需要很多维度的考虑（比如对自住房强烈的心理需求，或极端地缘风险的忧虑等），不仅追求财务指标的平衡，还需兼顾税务筹划、便于管理、高效传承等方面，进而去配置大类资产。同时，所有权管理（占有、使用、收益、处分）、参考货币（本币、强势货币、篮子货币）、检视周期（定期、偶尔、从不）等也是重要因素。

之前我们提到，市场经过十余年发展，资产配置理念已被广泛流传。现在，即便是一个初入行的新手也会说："鸡蛋不要放在一个篮子里。"但是鸡蛋要放在几个篮子里？放在什么样的篮子里？按什么样的顺序放？什么时候做篮子的腾挪？这些却少有人认真去探究与总结。

基于国内的理财环境及团队和自身的实务经验，我们总结出比较适合中高净值家庭的、风格稳健的家庭资产配置模型，用以一一分析和解答上述问题。

鸡蛋要放在哪些篮子里？——资产配置 CMS 模型结构

人生是棋局，不是赌局。盲目理财，纵九生难逃一死；科学规划，纵九死而能一生。攻守兼备，进退有度，才能实现优质从容的生活状态。

我们追求财务上的成功，主要可以分为 3 个阶段：第一阶段叫财务安全，第二阶段叫财务独立，第三阶段叫财务自由。

财务安全需要解决马斯洛需求理论中最基础的生理需要，即衣食住行。有的人会觉得，这太容易了。其实，即便我们现在达到了这个标准，也并不一定能确认我们可以一直维持这个水准，这里会有风险存在。这种风险包含了自身的风险（比如生老病死、家庭离散）和来自外部社会的风险（比如资本市场的变化、经济危机等）。所以，财务安全的标准是，当我们所处的金融市场，甚至是整个社会的经济周期发生重大变化时，我们的家庭成员不需要依赖别人和社会的救助，依然能过上基本的生活，且能够完成一些必要的中长期项目（比如受教育、养老、居住）。

财务独立的概念是靠自己丰衣足食。大环境好的时候，我们好；大环境差时，我们也不至于流离失所。比如，有的人关心社保水平的升降，而这些都跟财务独立的人没关系，因为其根本不依赖社保。比如，政策规定要延迟退休，有些人并不关心，因为他们已经做了必要的养老金储备，这叫财务独立。

财务自由是指，我们可以不依赖我们的职业来对抗极端风险，并且能保持时间自由、选择权自由、生活自如。

财务成功者是要经过这3个阶段的。这就决定了我们在进行资产配置的时候，不是想要什么，而是需要什么。首先保证财务安全，其次是财务独立，再去尽量追求财务自由。

因此，这3个不同的阶段对应着不同的资产类别。

这犹如足球比赛，如图4－19所示，后卫球员需要防守球门，核心资产就好比后卫。我们认为人的健康、职业、自住房是不可动摇的核心资产。

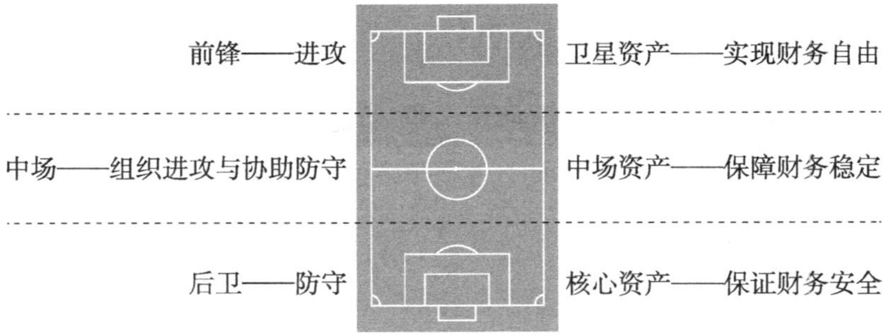

图4－19　足球队阵营分布图

中场球员，进可攻退可守。中场（midfield）资产，是可进可退的现金资产、专项储蓄、商业保险，它们是幸福生活的有力保障。在特殊情况下，也存在一定的灵活性，但一般不会轻易大幅度挪用。

前锋球员则担负着为整个球队争取战绩的重任，在后方安全的情况下，积极进攻很有必要。卫星资产，就好比前锋球员，包括另类投资、衍生品等，帮助我们在不同的趋势中获得收益。

核心资产

资产类型：人力资本、自住房产、职业收入（现金流）。

理财功能：夯实家庭的财务基础，实现“财务安全”。

配置解读：对于家庭而言，财富不仅仅指金融资产，它还包括人力资本（可以带来现金流），以及安居乐业、家庭和睦的精神财富。因此，我们将自住房产、职业带来的现金流（职业收入），以及家庭成员的健康与平安，视作家庭最核心的资产。核心资产是理财活动的坚实基础，也是生活的基础。在模型中，我们用三角形表示核心资产，因为在物理学中，三角形最具稳定性。无论什么时候，我们都要努力保护家庭的核心资产。见图 4－20。

图 4－20　核心资产

中场资产

资产类型：现金类资产、商业保险（保障型）、专项储蓄。

理财功能：进取有度，实现“财务独立”。

配置解读：中场是足球比赛中一个的重要位置，主要是审时度势，组织进攻或协助防守。考虑到幸福生活的持续性，我们将现金类资产、保险类资产（保障型）及专项储蓄资产（保障家庭最刚性的需求，如子女教育与养老），作为既可保护核心资产又可灵活转化的中场资产，用以实现生活与财务的动态平衡。见图 4－21。

图 4－21　中场资产

卫星资产

资产类型：高收益债、私募股权、另类投资……

理财功能：把握趋势，实现“财务自由”。

配置解读：卫星资产以短期的、风险相对集中的投资为主，主要是对市场热点机会的把握，博取风险收益。我们在模型中设定的卫星资产，是中高净值家庭常用的 8 类主流投资资产，包括股票市场（个股及各类基金）、高收益债（固收类信托、资管、分级基金优先级等）、另类投资（艺术品等）、衍生品、外汇、私募股权（PE/VC）、大宗商品（原油、黄金等）、房地产。卫星资产可以在全球市场进行配置，利用不同资产的周期性表现，对风险进行组合化管理，最终实现家庭资产在长周期里稳健成长。见图 4－22。

图 4－22　卫星资产

核心、中场、卫星资产共同构成了中高净值家庭资产配置 CMS（core - midfield - satellite）模型，见图4-23。

图4-23 中高净值家庭资产配置 CMS 模型

鸡蛋要按什么顺序放？——资产配置 CMS 模型配置方法

以下配置步骤主要是优先顺序指引，实际业务中，有时中场资产与卫星资产是同步进行配置、分阶段进行补充的，并非一蹴而就。在后面的案例中，我们对此将进行进一步说明。

第一步：配置“核心资产”篮子

人力资本

人们都期望财富能够增长，有人视其为成功的标志，有人视其为实现美好生活的唯一方式。幸福不一定因为钱，但不幸多半是因为钱。一定的财富积累可以帮助人们过上品质生活，更好地照顾所爱的人。一方面财富应以人为本，为人服务。如果人都没有了，拥有财富又有什么意义？所以人的安全是非常重要的。另一方面，当财富尽失之时，只要人还在，就可以再重新创造财富。因此，在任何时候都要保证家庭成员的健康与平安。

家庭成员是很重要的人力资本，家庭核心资产的最重要一项是家庭成员的健康与平安。健康平安是1，其他的都是0。没有这个1，再多的0也毫无意义。

自住房产

自住房产有两个属性，一是使用功能，可以为家庭成员提供栖身之所，实现“安居”；二是金融属性，在遭遇了极端困难或者遇到特别好的机会时，可以把它变现。它既是一个生活资料，又是一个生产资料。

不管经济周期好与坏，投资创业失败与否，在任何时候，家庭成员都是需要居住自住房的。因此，除非人生遇到特别明确的机会或是极其困难的状况（生活难以为继），轻易不要考虑卖房投资或者创业。

房子的使用功能决定了其在社会上注定被需要，它可以被出售，甚至被溢价卖掉，所以房产有非常强的保值功能。

此外，房产不像艺术品，二级市场太小，有可能卖不掉，无法定价。房产是广受欢迎的、可定价的、有广泛流通市场的一种商品。正是因为房产的这两种属性，在长周期里面是属于非常安全的资产。

职业收入

安居之后是乐业。职业能为家庭带来现金流，现金流稳定才能保证家人的衣食住行。对于绝大多数非创业者而言，职业收入是理财当中非常重要的东西。

同企业经营一样，家庭既要保证资产与负债之间的平衡，也要保证现金流的稳定，才能很好地应对生活中的各种风险，不因资金链断裂而导致困顿窘境。资产变现需要周期，有资产但没有现金流的时候，生活品质往往会大打折扣。尤其在投资回报率低迷的时期，拥有一份良好的职业收入，等同于拥有一笔巨大的可投资资产才能带来的效应。

第二步：配置“中场资产”篮子

中场资产的作用是“进可攻退可守”，因此，相应资产需要确保有很高的流动性与安全性。

现金类资产

尽管职业收入一般来说是相对稳定的，但也有可能因遭遇特殊情况而导致其中断，这个时候家庭就要有现金类资产来过渡。

现金类资产既可以应对一般财务风险，也可以用于捕捉转瞬即逝的市场机会。这类资产应具有完全的流动性，可随时取用，品种包括活期存款、货币型基金、理财型保险、短期 P2P 债权等。

现金类资产主要用来保证生活的稳定和提供安全感。保守的人，可能需要准备 6 ~ 12 个月的日常支出资金量；非保守的人，可能需要准备 3 ~ 6 个月的日常支出资金量。

在极端经济周期，拥有较高比例的现金类资产，既可以用于自我保护，也是抄底市场廉价资产的重要前提。

商业保险（保障型）

这类资产能为家庭核心资产提供安全保障。

生活中风险无处不在，我们无法预测。要想规避，主要依靠事前的主动防范、事中的主动控制，以及事后的损失转移。比如，去锻炼健身，是事前的主动防范；按时体检，是事中的主动控制；购买补充商业保险，是事后损失转移。

商业保险通过杠杆功能可以转移巨额风险损失，不仅仅是人身风险，还包括财产风险和责任风险。

众所周知，人生的第一桶金是最难积累的，几乎全靠人力资本和时间来换取。因此要悉心加以保护。通过保险做好充分的保障，即使发生极端事件，也不致生活破灭，给自己东山再起的机会。

专项储蓄

教育、养老、医疗（往往指老年看护），甚至必要的改善性住房等，可能都不是当下正在发生的事情，却是未来生活中必然要发生的事项。这些项目因发生的必然性而容不得特别重大的社会风险，比如股灾、创业失败、金融危机等。

对于这些人生中非常重要的、不可改变的生活目标，需要做好专项储蓄，这种储蓄可能收益并不高，但是非常必要。这类资产的使用目的是特定目标，比如子女教育金与养老金储蓄，因此要求资产安全、收益稳定、易于变现。

专项储蓄不仅具有多重规划功能，还具有对抗市场极端风险的重要特点，比如应对金融市场的波动、经济的长周期衰退，以及人生的极端事件。

这种专项储蓄资产包括银行的定期存款、保险公司的理财年金、实物黄金或非常核心地区的商铺。这类资产在经济环境好时可以变现进而投资，在环境差时可以很好地用于防范风险。

配置好核心与中场资产后，就能实现财务独立。

这个时候，人就会变得意志坚定，心态从容，不容易患得患失，对风险投资有耐心。即使市场没有那么快地如自己预期般发展，投资者也能够比以往更有耐心地去等待自己的判断得到验证。

第三步：配置“卫星资产”篮子

卫星资产的作用是捕捉周期性的投资机会，让资产更快地增值，追求一定风险水平下的收益最大化。

理论上，在核心资产篮子与中场资产篮子配置好后，有多余资金才去进行投资。但在实际业务中，一般来说，3 类篮子的配置会同步进行。这是因为客户不会是一张“白纸”（大量资金闲置），等着理财顾问来指导配置，其通常不会等到所有保障都安排好后才开始投资计划。但是，在顾问心中需要明确，家庭资产配置过程应尽可能保持稳健原则，按序进行。即便客户强行要求按其偏好打乱节奏，也要尽量在后期管理中实现优化（再平衡）。

有时候，理财的成功很大程度上源于严格的纪律，而严格的纪律一方面来自投资者的良好理念，另一方面受制于投入资金的属性。投资最可怕的遭遇不是在高点进入，而是在低点因为情绪或急用资金而被迫退出。

由于有了核心资产与中场资产的坚实保障，投资时心里有底，意志就会相对坚定。确认好投资方向后，即便结果没有及时按预期实现，客户也可以安心继续持有，甚至增持，而不会轻易地追涨杀跌。理财顾问与客户会有理由坚持判断，也有信心坚持正确的判断，甚至可以把市场中非理性投资者的损失转变成自己的超额收益。

需要特别指出的是，“卫星资产”应尽量坚持“跨市场、跨国别、跨周期”的配置原则，以平抑系统风险，捕捉轮动机会。最后，记住古训“财不入急门”，很多风险和机会要靠耐心去化解及等待。

什么时候做篮子的腾挪？——资产配置 CMS 模型动态调整

先秦名著《鹖冠子·学问》里有这样一段：“中河失船，一壶千金。贵贱无常，时使物然。”不同的场景、不同的时空里，事物的重要性会发生转化。之前认为特别珍贵的，现在却一文不值；以前认为不重要的，现在可能就非常珍贵。“十年河东，十年河西”“失之东隅，收之桑榆”等表达的都是一种基于周期循环的转换思维。

资产配置的方案并非一经确定就再无更改，动态调整（再平衡）是有效资产配置的重要因素。资产配置的再平衡需要基于社会环境观察、市场周期分析，对于潜在严重后果进行预测，及时针对极端环境做好保护策略与方案。如果涉及的投资品类较多，动态调整实践起来会非常复杂，对专业知识、管理经验及交易条件的要求就很高。理财顾问需要注意不断提升此方面的专业能力，并积累相应的技术与经验。

经济总是处于不断循环的周期变化之中。在周期的不同阶段，商品、现金、股票、债券等不同类别的资产表现不同，其市场特征会发生变化，风险和收益呈现出明显的不对称性，见图4－24。持有由不同类型资产构成的资产组合，通过动态调整，方可适应快速变化的市场环境。

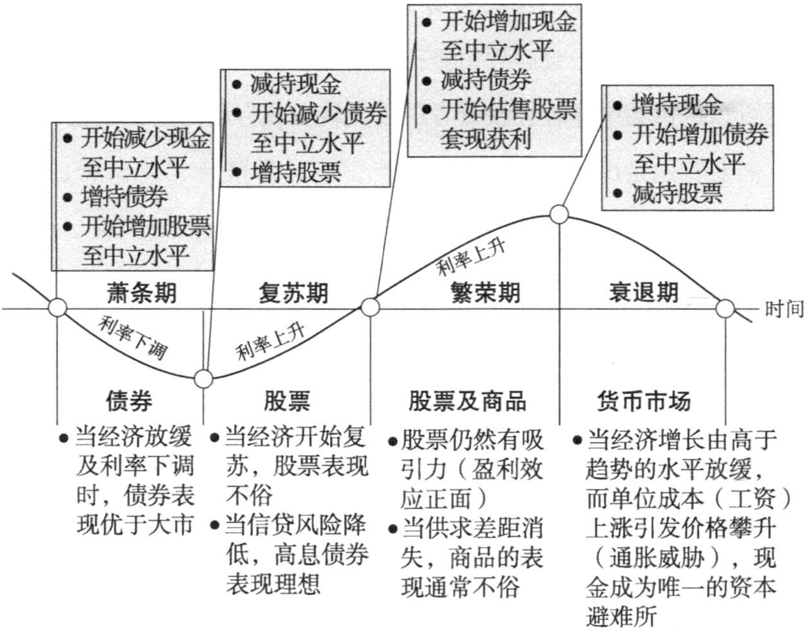

图4－24　不同资产在经济周期不同阶段表现不同

在经济复苏期，利率上升，股市表现较好，宜开始增持股票；在经济繁荣期，股票仍有吸引力，但是要开始减持，同时增加现金和债权类资产；到经济衰退期，则应增加现金类资产，减少股票；到经济萧条期，利率会继续下降，这时候债券市场会表现比较好。

伴随全球地缘政治的动荡，全球经济进入再平衡周期，市场随时会出现“黑天鹅事件”，我们要清醒地意识到“变迁时代”的来临，资产配置平衡随时会被打破，所以检视周期也需相应调整。资产再平衡成功的很重要的因素与心理状态有关，遵守理财纪律，对环境变化有洞察力，能细致入微地察看潜在的风险和资产收益的特征，保持审慎而又果敢的风格，你会发现，财富管理开始变成一种训练，甚至是人生的修炼。

专栏 4 -2

与时俱进的资产转换有何益处?

优化资产配置安享从容生活

财富管理的过程，不仅是对金钱的打理，更是对生活的安排。财策服务中的资产配置也可以遵循这一原则。

案例背景

案例主人：张女士。

基本情况：47 岁，离异后保持单身，硕士毕业后一直在一家外企担任项目经理，长期居住在北京。儿子 20 岁。

5 年前，考虑到外企工作压力较大，以及对未来生活的担忧，张女士希望能够在工作之外，创造一份持续性的理财收入，以应对长达几十年的退休生活。经过仔细思量，张女士决定以租养贷，在预留了 10 万元家庭备用金后，贷款在北京市东三环处购买了一套210平方米的房产。

后来，因工作绩效突出，获得一笔不菲的项目奖金，张女士选择提前还贷。

去年，儿子考上大学，自己因工作压力身体不断出现些小状况，而此时手中的房产已大幅升值，市场价格达到6万元/平方米，同时房租也不断上涨到21 000元/月。于是张女士辞职，依靠每月不菲的房屋租金，实现了理想中的财务自由状态。

理财缘由

由于张女士目睹过市场的调整以及朋友在金融危机中房产变现的困难，她开始对自身理财进行更深入和长远的思考。

张女士："我现在的资产都是房产，一套自住，另一套位置较好，价格一直比较坚挺并总体不断上涨，租金也足以应对每月1.5万元的生活费，你说我有必要理财吗？如果有必要，又该怎样打理呢？"

理财顾问："其实您一直在理财，而且在过去这几年里理得还非常成功！当然，理财规划是因时而变的，更是因未来趋势而变。让我们一起来解析一下您的财务现状，并探讨一下您未来可能面对的生活。"

理财分析

虽然每个人都有一本理财经，但从专业理财的角度出发，对家庭资产的安排需要更加慎重与深入，尤其是对大宗资产的配置。

张女士现在的家庭资产配置状况如图4－25所示，基本全部是房产，从常规上看既安全又有很好的现金流，而且不需要进行太多打理。作为看得见摸得着的实物资产，房产还能给她带来巨大的心理安全感。

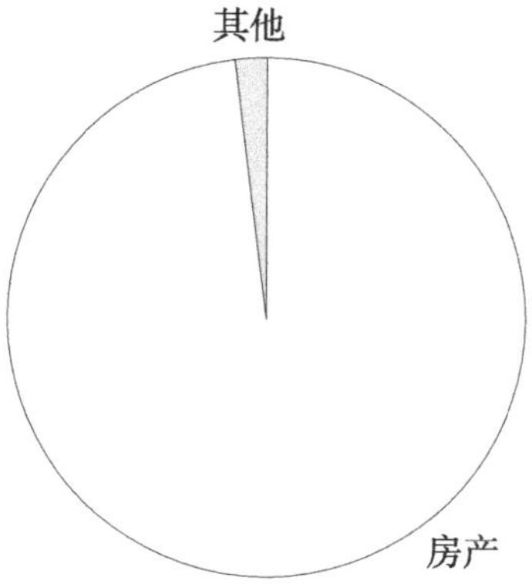

图 4－25　张女士现有家庭资产分配图

但如果从资产的安全性、灵活性、收益性、规划性，以及管理成本 5 个指标上综合来看，我们就会看到现状的不足，以及可能存在的更好安排。

1. 安全性。

影响房产安全的因素有很多，比如爆发地缘政治风险、发生极端自然灾害、他人过失或故意破坏、信贷周期性泡沫破裂等，都可能导致房产灭失或价值大幅下降。

从张女士的现状看，房屋最大的风险有两点：一是租客过失所带来的火灾风险，二是中国房地产业泡沫化的风险。

2. 灵活性。

投资性房产在经济萧条期或衰退期是一种流动性很差的资产。因为在此时，投资者不仅手中的资金极度稀缺，还会变得更加胆小与保守，而房产所需要的资金量较大且周转率较低，不符合资本逐利的天然属性。此时往往会出现房价下跌，租金中断或下降，同时成交变得很困难。

具体到张女士的家庭：

（1）儿子即将毕业，也许会选择创业，那就需要创业启动资金。

（2）母子二人均没有完善的医疗保障，一旦罹患疾病，缺乏及时高额的现金支持。

（3）如果房屋出现空租，还会影响到张女士的生活。

3. 收益性。

房产的收益性 = 房屋本身的价格上涨 + 租金收益

中国房地产经过快速上涨的10年，当前总价已经非常高，而且限购政策和房贷的收缩，极大地减少了可购买人群的数量，尤其是对于像张女士拥有的大户型房产的需求。同时，房产税和不动产登记制度的出台，也将会进一步抑制房价和房租的上涨。

张女士房屋1 300万元市值，仅有25.2万元的年租金，即便不考虑各种维护成本，房产每年的租金收益率仅为1.93%。如果房屋每平方米不能上涨5 000元，房产总体收益率都不超过8%。

4. 规划性。

当家庭财富到了一定阶段，理财必经的一个程序就是财富传承。

从张女士的实际情况看，将来大部分财产都会赠予或被继承，在此过程中就要前瞻性地考虑传承方式，以及传承时机。

税制、产权、控制权、子女财富管理能力等因素都可能会在传承时产生困扰。房产作为实物资产，难以分割与转移，所以不便于节税，而且容易受子女婚变、管理能力不足等因素影响，历来都不是优质的传承资产。

5. 管理成本。

随着时间的推移，中国房产税、物业税、利得税等财产税种将陆续开征，这势必影响房价走势及持有成本。同时，房屋本身会不断破旧损毁，出租房还涉及内部家居的维修更换，以及不断变换租客，这都会给张女士老年生活带来很多精力及财力的消耗。

理财建议

对于张女士的家庭资产配置，建议按图 4－26 所示进行调整。

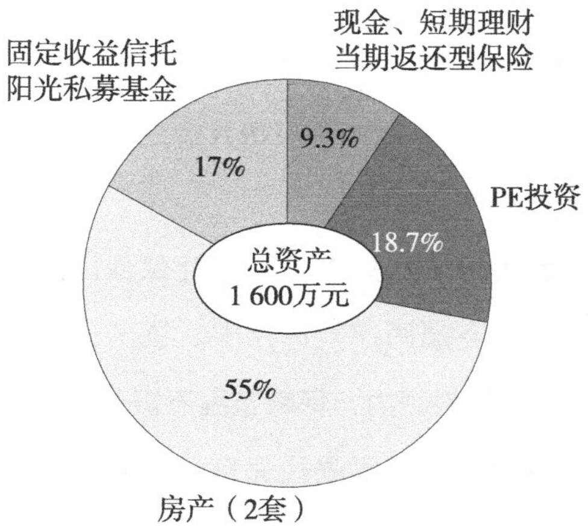

图 4－26　建议张女士调整后的家庭资产配置图

第一步：减持房产。

虽然卖房是个很难的抉择，但张女士因为受过良好的教育，对宏观经济也一直保持关注，所以很快就下定决心出售。在历经4个月意向购房者的多次看房后，张女士的房产最终以1 250万元成交。

第二步：转换资产。

1. 安排生活费。

为创造安全稳定且持续的生活费用，张女士配置了保险年金150万元和固定收益类信托150万元。

其中：

（1）保险年金为固定返还型，收益率将长期稳定在5%左右，每年在不动用本金的前提下，可逐年领取7.5万元，本金可以择机取出或临终时被继承。

（2）信托选择了业内以稳健著称的某信托公司产品，预期年化收益率10%，两年期，每半年付息，每年可领取15万元。

这样即便考虑到未来理财环境变化，也可以轻松实现年收入18万元以上，足以解决每月的生活之需。

2. 准备医疗金。

鉴于张女士母子均只有常规的社保保障，理财顾问为其各增加了一张高端医疗险诊疗卡。该卡设计报销额度为100万元，在保障限额内，保障范围不限住院还是门诊，医院不限公立私立，用药不限社保目录，所有诊疗费用均可报销，而且无须自行垫付现金即可直接结算。

该保障计划的二人合计保费仅需1.2万元/年。此份保障可以有效应对家人医疗风险，且家庭再也不用准备大笔的医疗金来应急，有效地盘活了家庭储蓄类资产。

3. 购置养老房产。

基于张女士未来还有很长的养老住房需要，而且手中持有自住型房产既可以增强安全感，也可以避免房价大幅上涨带来的遗憾心理，所以建议张女士在北京奥林匹克森林公园附近投资580万元全款购置了一套精装修房产。房屋位处一层，附送小花园，这也为张女士养老生活平添几分乐趣。

4. 进行股权投资。

为实现总体资产收益率的提升，张女士在与理财顾问反复探讨后，认为全球金融危机后，中国PE行业迎来投资机会，以及中国创投行业存在制度性创富机会。

经谨慎选择后，作为反周期的投资品，张女士选择了一家业内著名的信托系PE，希望经过5~7年的时间，获得年化回报率20%左右的投资绩效。

5. 改善生活品质。

张女士一直爱好旅行，所以决定购买一辆30万元的都市越野车，用于改善家庭出行。

6. 准备家庭应急金。

张女士把卖房款妥善安排后，将剩余的40万元作为家庭应急金。其中大部分购买了货币基金，少部分以银行短期理财形式打理。

理财效果

经过长达一年的时间，张女士终于把单一的房产转换成多元化的资产组合。

调整效果：

1. 为其提供了安全可靠的现金流，满足生活支出。

2. 建立了高额且富有品质的医疗保障。

3. 解决了长达几十年退休生活中的生态住房需要。

4. 资产类型横跨多个市场，在有效提升收益率的同时平抑了单一房产的市场风险。

5. 转换后，资产大多是金融资产和自用型资产，比较容易管理与传承。

自此规划后，张女士坦言生活少了几许焦虑，变得更加从容，也算是真正意义上实现了财务自由！

智能时代的资产配置

资产配置的一个重要难点在于，策略制定后并非一劳永逸，要实时评估环境，然后对策略进行适时调整。很多人都知道资产配置的意义，也知道各种资产的特征。但是环境瞬息万变，他们面临的问题是今天的策略如何能够保证一直正确和有效。

其实，对于投资理财，首先，不要试图择时择券去战胜市场获得超额回报率，而是应该追求资产的内在回报率，并通过时间复利效应获得良好的总回报。

其次，要调整模式，从传统意义上的直接投资模式走向委托投资模式。直投模式是指投资者自己选股票、选基金、选房产等。委托模式则是指投资者选择自己信赖的资产管理人，或者理财顾问，或者认可的事务管理机构，由其帮助自己打理资金和事务。

这里涉及几个比较重要的因素：

第一，资产配置有约束条件，未来市场中，如果没有一定的可配置资金规模，投资者很难做到多品类配置。

第二，信息的搜集与处理问题。实时搜集市场上的海量信息，包括社会、经济、政治、金融，以及资产类型的各种信息，实时地做出反应和处理。这些个人很难做到，因此开始出现从个人走向机构，甚至从机构走向智能的资产管理趋势。

第三，在金融环境中，当投资回报都很低的时候，个人投资者几乎没有任何议价能力，很难降低投资成本。比如，税收优惠的制度设计、买卖管理费用等。而大型资产管理机构，如美国的嘉信理财，作为一个大型采购商，可以降低投资者的成本。

第四，未来很难再有单边市场，只有错综复杂的、多周期叠加的市场。在这样的市场环境中，克服行为偏差，克服人性当中的各种弱点，比如追涨杀跌、锚定效应、羊群效应、亏损效应，避免错误的选择偏差，变得十分重要。

第五，个人投资受到政策束缚。比如，对于海外投资，国家没有推出个人版的境外投资政策，个人投资者首先面临换汇问题，而机构有合格境内投资者（QDII）这个角色，额度上就相对个人投资者突破了一些政策的管制。

伴随大数据与人工智能技术的发展，金融科技在全球资产管理领域兴起。在资产配置方面，一键全球配置的智能投顾正在崛起。

专栏 4-3

当真有一键全球配置的科学投资方案吗？

你的担忧能解决吗？

资产配置的概念由来已久，但以往国人很少讲。今天，资产配置在投资理财界的风靡与宏观环境的变迁密不可分。

当前，中国经济呈“L”形，过去单边资产的趋势性投资机会已不在。经济增速放缓，各类资产波动增大，收益率持续走低，加之国内外“黑天鹅事件”不断，英国脱欧、股灾、熔断、债券违约等极端风险事件都给经济带来更多的不确定性。

今天个人投资者在投资方面面临很多困难：

1. 资产波动加大。

经济下行，各类资产剧烈震荡，个人投资者的焦虑难抑。而多元资产配置可以有效分散投资风险，减少组合收益率的波动，帮助投资者实现稳健。

2. 资产配置对专业性要求很高。

如何根据个人风险承受能力、目标和风险偏好选择投资产品？配置哪些产品？配置多少？何时买入？何时卖出？对普通个人投资者而言，这些问题实践起来非常困难，对专业知识、经验及实施条件的要求很高。

3. 人性弱点。

人在投资过程中很难克服情绪影响而始终保持理性。带有情绪的投资会引发错误的判断，贪婪和恐惧往往是我们投资失败最重要的根源。

4. 产品和服务获取复杂。

虽然现在的理财产品极为丰富，但如果要一项项地研究、选择产品来加入投资组合，找不同机构购买，手续繁杂，费时费力。

金融科技的发展为这些难题的解决开启了一扇门——数字化资产配置。

数字化资产配置，又称智能投顾，是指由人工智能机器基于一套复杂的资产配置模型和算法，结合大数据和云计算技术，帮助投资者设计出个性化的投资组合方案并执行。简言之，就是智能系统帮助客户做资产配置。

在海外，金融巨头如花旗、高盛、贝莱德[①]（全球最大的资产管理公司）等都已进入数字化资产配置领域。一批新型金融科技公司如个人资本公司（Personal Capital）、先锋理财公司（Wealthfront）等迅速崛起，成为这个领域的先锋。

数字化资产配置的理论依据是马科维茨提出的现代资产组合理论。该理论归纳了理性投资者如何利用分散投资组合来优化投资，其核心结论为：投资组合风险通常低于组合中每个资产风险的加权平均值。

然而，要想精确计算出最优组合，却非人力所及。数字化资产配置就是利用现代信息技术，使智能系统自动根据客户偏好，计算出最适合他/她的投资组合。

让你惊喜的资产配置

金融科技的数字化资产配置研发团队一般由两类群体构成。一类是金融团队，依据现代资产组合理论设计出有效的资产配置模型，使得投资者不需具备投资专家那样深入的专业知识，就可以获得科学的资产配置方案。

另一类是科技团队，负责将模型通过技术手段加以实

---

① 贝莱德（BlackRock）是全球规模最大的资产管理集团、风险管理及顾问服务公司之一，为机构及零售客户提供服务，包括股票、固定收益投资、现金管理、替代性投资、不动产及咨询策略。

现。智能的资产配置离不开大数据和机器学习（人工智能）技术的支持。这里的大数据既包括历史上各种相关的市场经济数据（可谓海量），还包括投资者的相关信息，以便提供个性化的设计方案。

机器学习的优势在于能够全面挖掘这些数据之间的联系，并能够自我演进。无论本次投资决定正确与否，都会进入样本，成为下次决策的参考，且可自动调整参数，提高模型有效性，即未来决策的正确率。

数字化资产配置给出的是动态组合方案，可根据市场及投资者的变化进行自动调整，实现资产的再平衡。并且，这种调整具有高度纪律性，完全依据模型策略，很好地克服了人性的弱点。

此外，数字化资产配置不仅仅是给出配置方案，更是与各类金融产品的交易相联系，实现方案的落地实施。其产品通常为标准化资产，有效保证投资的安全合规。优秀的金融科技系统会配置“交易优化模块”，选择最佳交易时点，帮助投资者节约交易成本与时间。

数字化资产配置系统整合了金融产品与服务，帮助客户实现一键全球资产配置。

适合你的配置方式

正是以上所述的诸多特点，使数字化资产配置在当下备受关注。国内近期已有相对成熟的产品开始走向市场。

如果投资者能很好理解自身风险属性，可以利用金融科技实现投资的智能配置（投资账户的资产配置）。如果其对自身的风险属性无法确定，或有着比较具体的理财需求

（通常涉及大类资产的资产配置），建议在专业理财顾问的指导下更好地运用金融科技实现科学理财。

另外，投资者在挑选数字化资产配置服务时需重点关注两点：一是智能模型的真实有效性；二是配置资产的广泛性是否足以有效分散投资风险。

专栏4－4

用机器人代替基金经理：贝莱德基金部门将裁员40人①

贝莱德于2017年3月28日宣布，将裁掉超过40个主动型基金部门的员工岗位，其中包括7名投资组合经理，转而用机器人代替。

贝莱德主席兼CEO劳伦斯·芬克（Laurence D. Fink）说："贝莱德的文化就是拥抱变化，并将其转化为机遇。我们一直在展望，外围趋势如何重塑我们的产业格局和客户需求，然后随之做出调整。"

据贝莱德披露的计划文件，本次重组规模为300亿美元，约占主动型基金规模的11%。其中，有60亿美元将被并入集团旗下的Advantage基金。这个基金不是由主动型基金经理操盘，而是通过计算机与数学模型进行量化投资。

有研究表明，主动选股的业绩跑输大市，使投资者对于所收取的投资管理费心生不满。越来越多的投资者转而寻找更便宜的选项，比如ETF（交易型开放式指数基金）。

"在过去几年里，我们特意增加了ETF和指数基金的产

① 资料来源：http：//finance.ifeng.com/a/20170403/15282680_0.shtml.

品供应，面对低利率的环境，我们重新扩展了主动型固收平台，也发现了新的方法，充分利用独特的技术平台，这些都帮助我们在2016年迎来历史上最多的资金流。”劳伦斯这样说道。

对传统的资产管理行业来说，现在或许不是最好的时代。

贝莱德全球主动型股票投资部主管马克·威斯曼（Mark Wiseman）也在贝莱德的官网上提到了投资者对管理费的关注。他说：“传统股票投资方法正在被科技及数据科学的大量优势所改造，同时，客户的偏好也在转移，他们关注的不再仅是业绩表现，也会关注业绩和管理费如何同时影响投资价值。”

除了迎合客户的口味，贝莱德重组计划的另一个目的在于降低成本。

根据金融服务咨询公司Opimas的估算，用人工智能代替人类，将使得成本收益比降低28%。

贝莱德是全球最大的资产管理公司，所管理的资产规模超过5.1万亿美元。但是2016年一年，其主动型基金管理规模缩水了200亿美元。

贝莱德的选择并不孤独，有研究机构认为，人工智能将迫使数十万人失业，受影响的也包括投资行业。

据Opimas近期发布的一份报告显示，到2025年，金融机构将削减10%的人手，涉及将近23万人，而计算机将会代替他们的位置。在这些被裁的岗位中，40%都将来自资产管理部门。

普华永道也在近期发表观点称，到2030年，自动化将取代38%的全美工作岗位。

与此同时，贝莱德也决定将重心进一步向亚太区转移。

贝莱德亚太区方面向澎湃新闻介绍，贝莱德正在增加对亚洲的投资以及研究团队资源，从而在亚太市场打造全球新兴市场中心。

据介绍，贝莱德把全球新兴市场策略的领导团队转到了以亚洲为中心的区域。

“这体现了我们对亚太地区在新兴市场策略中的重要意义。事实上，除日本之外的亚洲地区现在占MSCI新兴市场指数的70%，而如果MSCI把A股全面纳入指数后，在未来的5~10年间这一比重可增至80%。”贝莱德方面向澎湃新闻这样介绍。

尽管计划裁掉一批投资经理，但贝莱德在其他人力投入方面并没有同步减少。据介绍，贝莱德正持续加强对亚洲地区的研究能力，包括聘请驻地为中国香港的全球新兴市场研究负责人，以支持亚洲股票投资和新兴市场投资团队，并加强全球投资平台的研究能力。

贝莱德方面指出，这一系列定位调整的核心是旨在凭借贝莱德整个投资平台的规模及能力素质，通过实现可持续的投资价值，引领主动投资领域。

资产配置不仅是对风险收益的管理，更是一种平衡的生活态度。君子有度，“叩其两端，酌乎其中”，通过理性的财务管理，实现高感度的优质人生。

第五章

顾问业务流程设计

理财顾问工作是一套科学体系，

需要技术、资源与流程的完美结合。

正视个人的能力边界，用平台去扩展，才能最大程度释放商业潜能。

价值链理论指出，确认供应链中价值创造的关键环节，通过重组与整合内外部供应链，去冗存精，保留并最大化关键价值创造环节，才能实现组织绩效的最优化。

财富管理业务需要 3 个重要支柱，分别负责产品与服务创新、客户关系管理，以及中后台基础设施管理。管理者的主要工作就是组织与协调各项活动之间的合作，使客户做出正面的反应。获得满意的客户将为财富管理机构提供更多的托管资产，他们将与机构间保持长期的合作关系，甚至为其推荐新客户。

理财顾问从商业本质上说也是一个小型理财机构，需要在必要的流程支持下，把合格的产品与服务，通过特定的理财技术，传递给金融消费者。富裕客户虽然有很大的选择权利，但他们厌倦于去市场上寻找不同的专家来解决自己多元的需求，而更倾向于找到一位值得信赖的理财顾问，然后透过顾问对专业人士与服务资源的整合，去获得完整的解决方案。然而，对于大部分顾问来说，获客与服务是他们最擅长的技术，同时也是利润率最高的工作，在理财研究、风险控制、产品管理、行政辅助等方面投入过多的精力与资源都非明智之举。

理财业的竞争在加剧，精细化管理成为理财顾问与财富管理机构的共同选择。在此趋势下，一套缜密高效的标准化作业流程便显得尤为重要。

卓越顾问都有一套工作流

在了解卓越理财顾问的工作内容之前，我们先来看看客户所期望的理财顾问是什么样子的。

专栏 5－1

客户期望的理财顾问[①]

1. 理解我

我希望可以与一个能够真正理解我和我的家人、了解我们的目标以及什么对我们最重要的理财顾问一起进行理财。

2. 清晰解释/说明投资

我在寻找一位理财顾问，希望他/她可以花时间对我进行些投资主题讲解并且回答我的问题。

3. 了解我的投资风格

我希望有个人可以在我最感兴趣的方面给我提供建议，

① 摘自美国著名独立理财顾问机构爱德华·琼斯（Edward Jones）公司。该公司是全美金融服务业里最大、盈利最高的零售经纪商，拥有近百年历史，在北美有12 700多个办事处，为近700万投资者及家庭提供个性化、长期导向的金融投资服务。

并且解释它们将如何帮助我取得进展，达成目标。

4. 根据我的日程会面

与理财顾问的会面应该是便利的。我希望是可以选择的，不管是面谈还是通过电话沟通。

5. 保持联系

当我在正确的轨道上，或者当我偏离轨道时，尽管我未预期它会发生，我希望我的理财顾问可以联系我，打消我的顾虑，为我提供建议。

海外成熟市场理财顾问的职业形象、工作内容、受到的礼遇与尊重，是新兴市场金融营销人员的向往。这种场景，在国内能够实现吗？实际上，国内一些成熟职业顾问的工作已经呈现出了这样的模样。那么，他们的工作是怎样的？我们来开启一位职业理财顾问的一天，如图 5－1 所示。

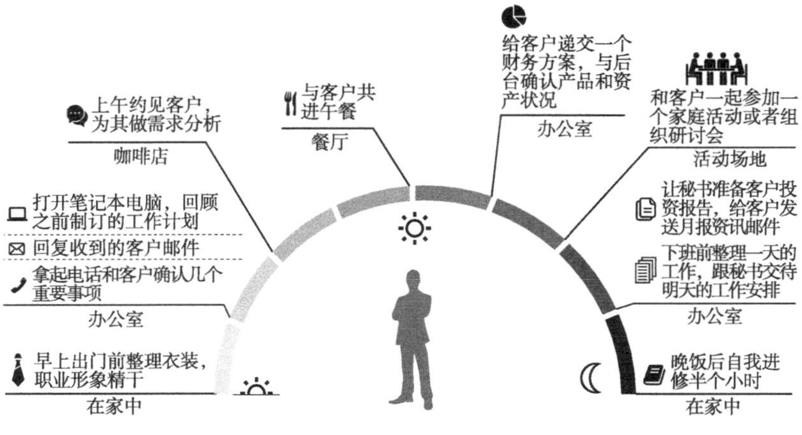

图 5－1　理财顾问的一天

卓越理财顾问的日常既包含了客户关系的内容——约访客户，确认客户问题与产品信息，定期发送资讯；也有专业建议的内容——需求分析，提交财务方案，组织研讨会；也有经营管理的内容——整合工作资源，总结与规划目标，知识管理与自我投资等。

卓越理财顾问具有“市场化、专业化、职业化”三重特征。

1. 市场化。理财顾问的工作本质上是一项商业活动。卓越的理财顾问需要具有前瞻的市场研判、精准的客户选择、优质的产品与服务供应，并能规模最大化地组织营销，同时关注于一切活动的成本与利润。

2. 专业化。财富管理是知识型工作，讲求方法和技术，需要知识与经验的有机结合。卓越的理财顾问具有专业的知识与技术、倾听并识别客户需求的能力、有感染力地交流的能力，能够洞察客户问题及需求，为客户提供最佳的咨询建议与方案，解决客户的问题。

3. 职业化。职业化是专业化的升华，是事业成功的重要条件。卓越的理财顾问具有真诚的服务意识与态度、符合客户预期的工作形象、规律化的客户开发与经营能力。

图 5－2 展示了卓越理财顾问的职业特征。

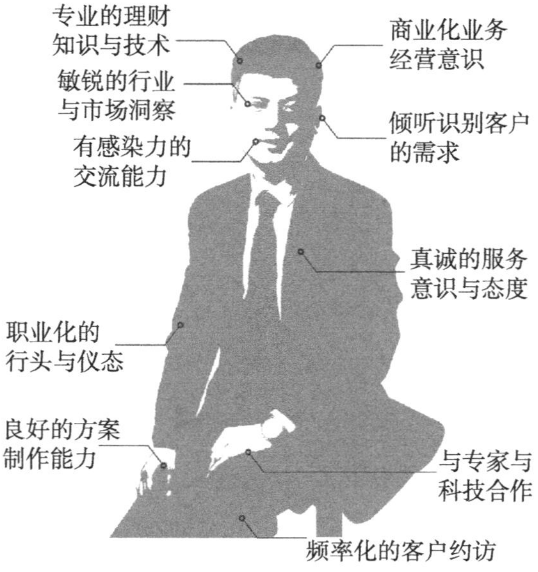

图 5－2　卓越理财顾问的职业特征

专业化与职业化

成功，从来都是有迹可循。任何成功都绝非偶然，都可以归纳出一些深层次的逻辑与范式。理财顾问工作也不例外。借鉴与运用这些“最佳实践”可以较大程度上增加我们成就卓越的可能性。

基于全球财富管理行业视野与经验，加上多年对于理财顾问工作的实践、观察与萃取，我们为职业顾问的工作描绘了一套“GS 财务策划服务模型”，该模型可以清晰明了地定义一位卓越理财顾问的工作流。在说明该模型之前，我们先来看一下工作流的概念。

工作流是什么?

工作流的概念起源于 20 世纪 70 年代中期办公自动化领域，是针对日常工作中具有的固定程序活动提出的一个概念。目的是通过将工作分解成定义良好的任务或角色，按照一定的规则和过程来执行并对其进行监控，从而达到提高工作效率、更好地控制过程、增强对客户的服务、有效管理业务结果等。

工作流的本质是一套自我工作事务管理的“框架”。标准化的业务流程可以被复制，根据较为完善的工作流（基于业务经验形成的），理财顾问能够清晰确定自己应该做哪些事项，以及如何规范化地去做。

相比依据主观经验进行判断与执行的随机性，具有清晰工作流的理财顾问，可以明确职业定位与工作使命，完善必备的知识与技能，形成高效的作业习惯，进而驱动理财顾问提供超出客户需求与期望的卓效服务，并因此获得丰厚的职业回报。

职业理财顾问的工作流是怎样的?

在海外先进的财富管理机构，理财顾问（包括财富管理师）的服务有相对标准化的流程管理。

瑞士信贷为财富管理服务部门规定了包含5个环节的顾问服务流程，它们分别是：需求分析、财务理念、客户情况、策略、实施。“需求分析”是分析客户的需求与目标，并据此为机构所提供的资讯服务制定一个最初框架。“财务理念”环节是利用需求分析结果，来与客户一起确定适合其情况的财务理念。在“客户情况”环节，需要客户经理了解客户的投资经历、风险偏好以及相应的知识和经验，以做出恰当的投资决定。在“策略”环节，机构就客户为自己在机构开立的账户确定主要投资目标和风险敞口，达成协议，提供服务。在“实施”环节，财富管理机构实施客户所选择的主要投资目标，并提供专业支持。

新加坡银行将这一流程称为系统性过程，其包括了解、建议、执行、评估。第一，了解客户的优先选择、需要及目标，了解客户的整体资产、当前及预估收入和负债（任何债务和承担）。界定个人/业务风险及顾虑范畴。第二，给予建议，制订量身定制的方案。考虑资产保障及财富保存、多样化投资组合、税务影响、风险缓释及传承考量等。第三，与客户详谈，解答客户的投资查询，以及商议确定如何执行投资方案。第四，定期评估组合，确保符合的投资策略，以及应客户财务状况和家庭变化而做出调整。

理财顾问的核心工作是为优质客户提供切实的财务解决方案。围绕这一核心，我们将理财顾问的工作分为息息相关的5个部分：市场拓展（develop）、理财建议（advise）、方案部署（deploy）、动态管理（manage）、评估报告（report）。如图 5－3 所示。

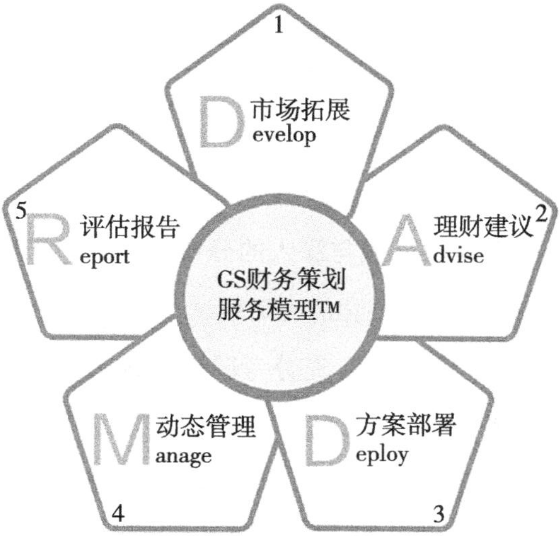

图 5－3　理财顾问的工作流——GS 财务策划服务模型

市场拓展——寻找并挖掘你的目标市场

业务内容：传递商业形象与理财理念，建立客户关系。

定位了目标市场之后，理财顾问需要通过尽可能多的渠道接触并获得新客户资源，与客户建立起专业的信任关系，这是开展理财服务的启动项。

今天，顾问可以通过电话、微信、电子邮件等多种方式与客户展开互动。通过见面或利用移动端接触客户，并与其展开营销沟通与对话，理财顾问可以获得客户详细的背景信息，为下一步出具财务解决方案做好准备。

转介绍与培训式营销是职业顾问获取目标客户的重要途径。由于移动互联网的发展，越来越多的顾问也正在积极进行线上营销。

在线上、线下的接触过程中，理财顾问要用心聆听客户需求，然后用恰当的方式将科学的财富管理理念传递给客户，并使客户在财务规划方案的制订与执行上与自己达成共识。

理财建议——出具你的专业意见

业务内容：基于客户真实问题与需求，给予合理建议与方案。

理财顾问在详细了解了客户的财务目标与现状后，要对所搜集的客户信息进行全面的梳理与深入的分析。只有基于精准的需求分析，才能为客户制定出个性化的理财建议与方案。

理财建议与方案的给出，充分考验理财顾问的理财知识、技术与经验。一般来说，这是最能体现理财顾问专业价值的环节。

没有客户关心你的产品，他们关心的是自己。因此，理财顾问需要明白，真正的专业不是知识，而是挖掘问题并解决问题的能力。有时，很多客户并不明晰自己的目标、现状，更不用说去预见未来的财务与生活，在变幻莫测的市场里需要专业顾问去替他们判断与辅助决策。

此外，由于客户不太可能都具有良好的金融知识背景，因此只有将复杂的金融产品与配置方案以简单明晰的形式传递给客户，才能使客户更好地理解与接受。这种客户体验的创造，是高绩效理财顾问的必修课。

方案部署——将理财建议落实

业务内容：配置适合客户的金融产品与服务，协助其执行方案。

理财建议得到客户的认同之后，工作进入实质性的交易环节——产品与服务布置。此时理财顾问需要用可以获取的优质金融产品进行组合，以帮助客户实现资产的合理配置。方案的部署很大程度上取决于理财顾问可利用的产品和服务资源。

需要注意的是，方案部署涉及产品选择。产品没有好坏，只有适合与否。在佣金模式为主的市场里，此时可能会形成利益冲突。精明的客户会很容易察觉理财顾问的客观程度。以客户需求为导向的服务理念是卓越顾问的唯一选择。

客户渴望全方位的一站式服务，开放式的产品结构越来越成为财富管理业的趋势。对于理财顾问来说，缺乏优质的产品及服务资源，理财方案便会成为一张美丽的废纸，导致客户忠诚度下降与客户流失。

对于各类产品，理财顾问一方面应该凭借自己的知识和经验将其组合变成解决方案；另一方面，可以借力智能投顾，基于大数据与成熟模型，对产品进行自动化组合与调整，解放顾问与投资者在构建和管理投资组合时所消耗的精力。

动态管理——持续的售后服务

业务内容：洞察经济与市场形势，适时调整配置。

经济环境的变化会对理财方案的结果产生影响，客户的财务目标也可能会随生命周期或其他事件而发生改变。理财顾问需要动态管理客户已配置资产，如果理财方案的结果正在或准备偏离客户的最终目标，或者出现了更优的选择，就需要适时进行方案调整，以确保客户财务目标的达成。

实时的市场信息获取变得越来越容易，其坏处是并不成熟的客户容易被市场情绪所裹挟。金融市场的癫狂与恐慌，都有可能使客户做出错误选择，而此刻理性专业的建议就非常重要。

理财策略调整的依据不能是短期情绪，更多应是基于中长期的理性判断。因此，卓越的理财顾问要么成为一位“经济专家”，要么就需要有一个专业的智库团队支持，给予经济研判、分析与策略建议。

评估报告——方案成果可视化

业务内容：定期提供评估报告，及时获取客户反馈。

从服务的角度看，理财顾问需要定期“给客户一个交代”。顾问之前所描绘的、构建的方案，在实践中解决了客户哪些实质问题，实现了客户哪些生活目标，这些需要被看见。

任何一份重要投资或财务规划，都需要有一套与之相关的评估标准相随。这些评估标准，在提供方案时，就需要被确认，考虑“我要如何评估我是否做对了?”“我要如何证明我为客户提供了价值服务?”等。

因此，理财方案实施后，理财顾问要定期对客户资产状况和方案效果进行评估与实时研究，出具专业报告。这样做，一方面便于客户及时了解自己的资产状况；另一方面有利于理财顾问进一步完善方案设计，并有机会延展其他业务。

聪明的理财顾问已开启“1 + N”顾问模式

很少有理财顾问对控制成本、提高效益做过认真思考。繁杂的日常事务常常令我们忙碌而盲目。但是，财富管理业务复杂性日益增加，客户经营成本越来越高。财富管理机构和理财顾问不得不思考并积极行动来控制成本增长，提高运营效率，改善客户服务质量。

对于一些富有经验的专业顾问而言，他们有一套在竞争中实现卓越的方法。通过固化工作流程，优化作业模式，聘请助理，以团队协作形式提高作业效率。

客户经营，智慧深耕

通过内部资源优化与整合，可以使顾问专注于客户关系的开拓与经营上，从而最大化其业务潜能。

如何规模化开发目标客户，并做到深度经营？营销学中经典的4P理论与4C理论可以帮助我们打开思路。

传统营销4P理论将营销要素归结为产品（product）、价格（price）、渠道（place）和促销（promotion），核心是用合理的价格将适合的产品通过恰当的渠道进行有效推广。思考的起点与关注的焦点都是企业本身。

随着市场逐步由卖方主导转为买方主导，客户需求与优质产品成了成功营销的关键。因此，企业开始更多将注意力聚焦到了消费者身上。20世纪90年代，罗伯特·劳特伯恩（Robert Lauterborn）由此提出了以消费者为核心的4C理论，即消费者（customer）、成本（cost）、便利性（convenience）和沟通（communication）。

我们认为，4C理论非常适用于理财顾问的市场营销活动。

理财顾问市场4C营销理论运用

1. 消费者。发现与解决问题是最终检验理财服务有效性的唯一标准。理财顾问需要立足于研究客户的生活目标和财务需求，提供客户所需的金融产品组合及整体解决方案。

2. 成本。客户所愿意支付的成本与服务价值成正比。理财顾问需要确保所提供的金融资讯与理财方案是能够解决客户问题的（他们的问题可能是显性的，也可能是隐性的），使咨询成为有价值的理财服务。

3. 便利性。客户希望更个性化，更便捷愉悦地互动。理财顾问需要了解客户的理财习惯，增加工作的透明度，通过客户愿意接受的方式，提升用户体验。

4. 沟通。理财顾问的价值主张与商业形象，需要一系列精心的设计来实现。顾问不仅要专业，更要有温度，可以被客户愉悦地感知，进而成为一个可信赖的人。

基于4C理论，理财顾问可以采取多种营销举措，有针对性地提升自身的市场拓展能力。有用的策略包括树立良好的品牌形象，以增加获取客户信任的砝码；开展客户沙龙、专题研讨会等创新方式，更好地向目标市场传递财富管理的专业理念，获取进一步沟通可能；善用微信、微博等社交媒体，与客户进行更好的接触与互动等。

整合资源，高效协作

一套完善的理财工作流可以帮助理财顾问明晰自己的工作重点与逻辑，但是在这套流程线上，理财顾问需要每个环节都亲力亲为付出同等精力吗？

即便是理财顾问最擅长的市场拓展阶段，品牌形象建立、客户沙龙与研讨会的举办，也需要很多内容与资源的支持。而且，相比市场拓展，理财建议、方案部署、动态管理与评估报告4个环节，其实更加考验理财顾问服务的中后台资源整合能力。

聪明的理财顾问知道，流程的精细化管理有助于节省不必要的成本，集中精力到更有产出且自身擅长的事项上来，可以带来更大规模的工作回报。这一观点的原理其实是“1+N”与商务流程外包（Business Process Outsourcing，简称BPO）的工作理念。

“1 + N”顾问模式本质是什么？

从国外财富管理机构的模式演进看，以往的全能型理财顾问已被专业团队所取代，专业团队可以提供更加广泛而深入的服务。

早期，在成熟的欧美财富管理机构中，理财顾问更多是作为客户经理。客户经理是“客户与财富管理机构的主要接触人”，其作用在于吸引并获得新客户，深耕客户关系，提供服务并努力维护。他们被认为“可以基本独立行使职责”，即独立完成客户获取、服务与维护。

随着市场成熟与客户要求提升，一些财富管理机构对客户经理的角色进行调整，让一部分客户经理侧重于“吸引并获得新客户”，担任“猎手”（hunting）角色，另一些客户经理主要专注于“为现有客户提供服务并努力维护这种客户关系”，担任“农夫”（farming）角色。

但是，实践表明，这样的模式杰出机构较少采用，原因在于这一模式会导致跟客户首次接触的人和为客户出具理财建议的，并不是同一个人，他们之间出现了断档。同时，个人的能力边界与精力有限，个体很难具备全领域覆盖且深入的知识体系与业务经验。

因此，现在的财富管理机构倾向于让理财顾问专注于客户经营，然后由多个领域的专家组成服务支持团队，并在整个机构内调配恰当的专业知识与资源，来为客户提供整体服务。也就是说，1 个理财顾问的背后，是 N 个专家组成的强大支持团队。

图 5 – 4 所示为国际主流财富管理机构现行与客户相对应的 3 类“1 + N”顾问模式。

在财富管理领域，富裕阶层对于金融及其延伸领域的专业性、资源广度要求较高。金融服务要求也脱离了资产管理的狭义领域，

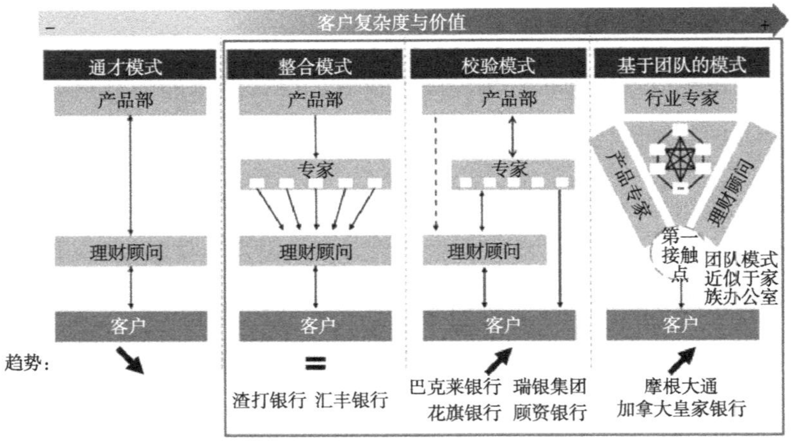

图 5－4　与客户相对应的 3 类“1＋N”顾问模式

资料来源：贝恩公司.

存在财富传承、法律咨询、税务筹划、离岸金融、海外置业等需求。作为个体，理财顾问在这些方面或多或少存在一定的知识边界，于是，其有必要通过各领域专家来补充专业与资源上的短板。

这种模式很好地响应并满足了客户对于一站式服务的需求，理财顾问专注于客户关系的管理，协调所有与客户的接触，而客户各种复杂的问题则由后方的专家给予更加专业化的解决方案支持。客户不需面对众多的顾问，避免了响应时间漫长或者服务错配。

仅仅靠专业建议就可以吗？并非如此，还要落实到资源。除了人的因素以外，我们将原本的“1＋N”延伸出了更广泛的含义：理财顾问在专注于前台的客户管理时，在中后台还需要多种相关资源的支持，比如产品采购管理、IT 系统、办公资源，甚至包括财务支持等，见图 5－5。

综合来看，“1＋N”顾问模式可以有效协助理财顾问为客户提供超越其需求和期望的卓越服务。

图5－5　客户需要的财富管理师

资料来源：国际金融专业人士协会国际认证财富管理师（CWMA）项目官方授权使用。

完善的理财顾问工作流是一套专业、缜密、繁复的工作体系。在当下的金融环境中，如果一位理财顾问独自面对，通常会发现高效和专业难以共存。“1＋N”顾问模式是财富管理服务的必然趋势，毕竟个体顾问在精力、能力、资源上与理财机构相比，存在较大的差距。

值得庆幸的是，伴随“共享经济”的发展，平台模式日渐流行，商务流程外包的服务模式为中小型理财机构及个体顾问提供了强有力的支持。

商务流程外包是指企业将一些重复性的非核心业务流程外包给供应商，以降低自己的经营成本，释放精力更专注于自身的核心业务，同时，借助于专业机构来提高整体服务质量。

商务流程外包所购买的内容是业务流程服务（Business Process Service，简称 BPS），在理财规划领域，我们将其称为财策流程服务（Financial Planning Process Service，简称 FPPS）。FPPS 是基于理财顾问工作流程的需要所提供的支持与服务，具体内容包括但不限于：

- 品牌支持。对理财顾问的品牌战略及市场策略进行优化，依托服务商的品牌影响力和媒体资源，加之以专业考究的视觉设计，帮助顾问塑造专业形象，赢得客户的信赖与尊重。
- 资源采购。遴选声誉卓著的资产管理人，以及财税法律等相关机构，采集优质的金融产品与服务资源，使理财顾问实时满足客户的个性化需求，使理财方案不再成为一张美丽的废纸。
- 领域专家。通过与专家通力协作，理财顾问可获得强大的智力支持，以“1 + N”的顾问服务模式，为客户提供专业且全面的财富管理服务。
- 教育培训。通过系统课程与训练活动，以及实务工作中场景化的辅导，提升理财顾问的专业知识与市场技能。
- 投研资讯。洞察时讯，定期形成专业研究报告，并以精美易读的方式呈现，帮助理财顾问传递专业价值，使客户收获愉悦的体验。
- IT 支持和办公资源协同。精心布置的办公室、便捷的计算机与办公应用系统，乃至工作秘书的细致协助，可以帮助理财顾问更有效地建立客户信任，并激发客户对自身理财需求进行深入探讨。

今天，流程外包日益受到财富管理机构的关注，其明显的益处可以归纳为4点：

1. 实现后台的规模经济，从而有效削减成本。
2. 优化资源配置，使更多的资源集中到前台业务上来。
3. 通过专业化提高服务质量，增强竞争力。
4. 增加应对外部变化的灵活性。

专业化分工为理财顾问带来了一种全新的工作模式，理财顾问可以适时思考，如何利用这些新服务模式来支持自己的业务，提高工作效率，形成细分市场的专业品牌。

新业态释放理财顾问商业潜能

财富管理新时代，包括传统金融机构创新部门在内，互联网与科技巨头，以及其他商业组织正快速抢滩个人金融服务市场，从资本到资源，从产品到人才。期待把握时机的理财顾问在此时，突然面对了多种选择。

留在传统机构，享受机构品牌与沉淀资源带来的工作安逸感？加入相对独立的第三方，摆脱销售单调产品类别带来的职业尴尬？寻找平台服务商，将繁复的工作专业外包，在开放市场成为“小而美”的私人银行家？

这些问题并不存在标准答案，每位理财顾问会有适合自己的选择。但是，选择之前，全面了解财富管理业态的发展情况及国内外趋势，有利于理财顾问做出更适合自己的决策。

当下，国内财富管理行业主要由三大类机构或组织组成：第一类是传统金融机构的财富管理业务部门，如中资和外资银行体系的财富管理中心和私人银行，以及信托公司、基金公司、证券公司等非银行金融机构体系的财富管理部门及机构；第二类是近 10 年兴起的第三方理财机构，如诺亚财富、恒天财富、好买财富等；第三类是理财顾问服务机构（赋能平台）。

值得关注的是，一些新业态正在带给行业不一样的气象。诸如智能投顾、在线交易平台、联合办公等。新模式，正在重新塑造财富管理格局。

传统金融机构的自我演进

理财业在中国的兴起，以 2004 年前后银行理财产品的诞生和爆发式增长为标志。之后，随着经济的复苏、金融管制的逐步放开，理财市场的发展高歌猛进。银行类理财产品、公募基金、信托、保险，还有大量私募基金如雨后春笋般出现。居民理财热情空前高涨，各类金融机构为了满足客户的理财需求，开始纷纷成立专门的理财业务部门。

当前，国内规模最大、最具影响力的理财业务仍然来自银行理财。传统商业银行占有大量客户资源，且具有高度的客户信任度，在将业务延伸至财富管理领域时具有得天独厚的优势。

银行机构 2000 年前后推出外汇理财产品。2004 年光大银行首款投资于银行间债券市场的人民币理财产品诞生。随后借着信贷投放高速增长，中小股份制商业银行为了获得更多稳定的资金来源，增强吸储能力，大力推动人民币理财业务。2005 年银监会第 2 号主席令颁布，商业银行的零售银行正式开始个人理财业务。

2007 年开始，借鉴外资银行进入国内市场设立私人银行等财富管理分支机构，本土商业银行也先后成立私人银行部门，为高端客户提供更加多样化的财富管理服务。其中，招商银行成为佼佼者。表5－1显示了2015年国内私人银行的客户和管理资产规模情况，其中招商银行无论是私行客户数量还是管理资产规模的增长率，都遥遥领先于其他本土银行。

表5－1　2015年国内私人银行相关数据

序号	名称	类别	私人银行客户（万户）	增长率	管理资产规模（万亿元）	增长率
1	工商银行	大型商业银行	6.24	44.8%	1.06	7.3%
2	中国银行	大型商业银行	8.65	—	>0.81	—
3	建设银行	大型商业银行	—	23.08%	—	32.94%
4	农业银行	大型商业银行	6.9	21.05%	0.81	25.7%
5	交通银行	大型商业银行	—	26%	0.41	39.97%
6	招商银行	中小型商业银行	4.9	49.12%	1.25	66.37%
7	平安银行	中小型商业银行	—	—	>0.25	64%
8	民生银行	中小型商业银行	1.52	6.46%	0.27	18.5%
9	浦发银行	中小型商业银行	>1.5	25%	0.3	36.36%
10	兴业银行	中小型商业银行	1.83	24%	0.26	20%
11	中信银行	中小型商业银行	1.72	25.11%	0.26	28.78%
12	光大银行	中小型商业银行	2.42	32.43%	0.23	35.61%

资料来源：投中研究院．《2016中国财富管理行业研究报告》［R］．

随着财富管理需求的增加和金融改革创新的深入，财富管理渠道更加多元，保险公司、证券公司、基金公司、信托公司等金融机构也相继成立了财富管理中心/部门。其用意一方面是增强内部产品的直销渠道，另一方面是希望用更为广泛的财富管理服务来增加富裕客户黏性。

以信托公司为例，2011年10月《关于规范信托产品营销有关问题的通知》（征求意见稿）提出，信托公司可在公司注册地之外设立异地营销中心进行直销。虽然这项通知并未正式实行。但在其引导下，华润信托、中信信托、长安信托、外贸信托等信托公司开始展开组建销售团队、成立财富管理中心、进行异地营销等行动。2012 年年报数据显示，66 家信托公司中 58 家均设立了产品营销、客户服务和财富管理部门。

随着“泛资管”时代来临，全牌照经营开启了金融机构跨领域、跨行业竞争合作之路，加速了各类机构在财富管理领域的业务布局。其中，2013 年始，中信信托、外贸信托、上海信托等老牌机构纷纷试水产销分离，分别推出“信惠财富”“五行财富”“信睿财富”，开始财富管理转型的全面探索，并取得良好效果。公募基金领域的“嘉实财富”、创投界的鼎晖财富中心都是业内的佼佼者。

第三方理财机构的兴起

第三方理财机构是指那些独立的中介理财机构或组织。随着利率市场化进程加速，市场上金融产品日益丰富，令投资者眼花缭乱，难以选择。传统金融机构受制于严苛的监管约束，广受高净值客户青睐的 VC/PE 及另类投资等非标产品供应不足，给予第三方理财机构生长的土壤。

图 5 -6 所示为第三方理财机构发展的 3 个阶段。

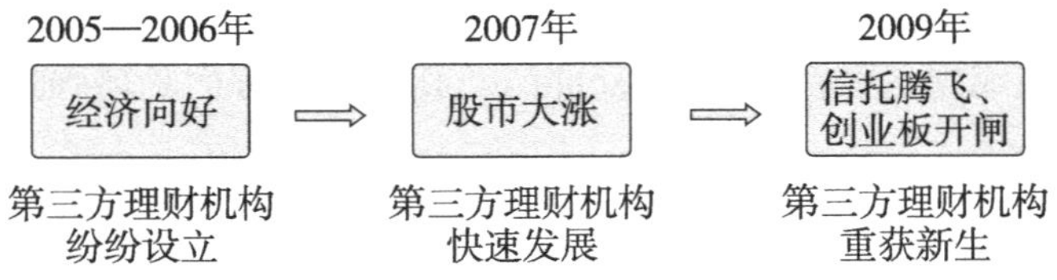

图 5 -6　第三方理财机构发展的 3 个阶段

2005 年前后，以诺亚财富为代表的第三方理财机构大量兴起，主打从客户角度出发，为客户提供独立的理财规划。2007 年股市大涨，基金产品销售火爆，带动第三方理财机构的第二次大发展。之后股市转为熊市，大量机构倒闭。2009 年前后信托业腾飞、创业板成立，造就了第三方理财机构的第三次大发展。PE 产品、信托产品和债券等分销是这一时期第三方理财机构的主要业务内容。

第三方理财机构的诞生分为两类情况。一是，部分传统机构中的优秀理财专业人士及其团队，或因机构改制，或因看准市场契机，突破机构的职业发展瓶颈，创立的第三方独立理财公司，如脱胎于湘财证券的诺亚财富。二是，传统金融机构中，一部分专业优势明显、客户资源丰富的财富管理部门迅速壮大，逐渐从机构中独立出来。例如，从信托母体独立出来的中融信托第一财富管理中心，变身为恒天财富。

在财富管理市场发展初期，客户基本上属于“产品驱动”，即谁能提供更有竞争力的产品（收益率和多元化是重要衡量标准），谁就能快速建立规模优势。第三方理财机构可以突破分业经营的限制，提供多元化产品选择。同时，其早期顾问多是优秀金融从业者转型，没有了传统机构多维度的考核压力，能够快速建立客户信任并营造客观独立的职业形象。尤其 2008 年金融危机以来，高净值客户希望通过第三方理财的关系网络，提高资金在金融机构的分散程度，这在一定程度上推动了第三方业态的快速崛起。

一些客户转向第三方理财机构，看重的是它们可以提供更加独立、客观的建议，帮助客户选择最适合的金融产品组合，而不受制于机构的行业局限。同时，第三方理财机构提供有竞争力的价格来吸引客户，更专注于客户个性化的需求。

传统金融机构虽然也在朝着以客户为中心的方向转变，但由于庞大的机构及众多的客户，往往令他们难以照顾到每一位客户的需求。客户可以通过第三方理财机构的关系网络分摊风险，避免资金过于集中而在遇到金融危机时遭受严重损失。

第三方理财机构提供了一定的灵活性和客户隐私保护，使客户资金能及时与资产匹配，减少机会成本损失。以上优势共同推动了过去几年我国第三方理财机构的快速发展。

我国第三方理财机构的主要特征

组织形式：机构化和自组织化

机构化的第三方理财机构如诺亚财富，是国内第一家在美国纽约交易所上市的第三方理财公司，代管理客户资产超过 4 000 亿元，并获得证监会多品类牌照，成为系统完备的新型金融机构。

自组织化的第三方理财机构主要是少数优秀的理财顾问或团队，通过成立财富管理办公室，为少数高净值客户提供财富管理或家庭办公室服务。

产品种类：单一类型产品和综合化产品

好买网专注于销售基金类产品，是典型的以单一类型产品销售为主的模式，目前是国内基金产品线最丰富的第三方独立基金销售机构，得到联想及腾讯体系投资。

恒天财富推崇“渠道为王”，依托股东资产供应优势，产品涵盖固定收益及类固定收益投资、股权投资、另类投资及海外投资等，以众包分包方向，快速聚集了规模庞大的募资能力，受到大量客户和新型资产管理人的青睐。

互联网化程度：线上型和线上线下结合型

完全通过线上开展业务的第三方理财机构如平安陆金所，凭借线上交易服务跻身 P2P 全球三甲。目前，陆金所正在朝开放式平台方向转型，专注于为个人及机构投资者与资产提供方提供金融资产交易信息服务，与多方合作搭建互联网金融生态体系，实施严格的风险控制，为投资者提供满足人生不同阶段财务目标的一站式财富管理服务。

大部分第三方理财机构都开始采取线上线下相结合的业务模式。例如，宜信在全国 182 个城市和 62 个农村地区建立起协同服务网络，网点覆盖面非常广。同时，宜信引入信用管理理念，推出个人对个人（P2P）信用借款服务，为客户提供普惠金融和财富管理服务。

收费模式：佣金模式、资产管理费和会员服务费

收取销售费用或称产品返佣，是目前国内第三方理财机构的主流盈利模式，这与中国尚未形成成熟的顾问文化有关。理财机构在为客户设计或提供理财方案后，通过实施方案的金融产品交易，获取金融机构产品推介佣金作为报酬。

部分取得资管牌照的大型第三方理财机构，在传统代销业务以外，开展资产管理业务，向客户收取一定的管理费，但这种收入模式所占比例不高。

还有诸如展恒理财等少数机构，通过会员费或者顾问费形式向客户收取费用，该模式有助于维持作为第三方的中立身份，为客户提供更加客观的理财建议。

规划侧重点：侧重投资规划和风险管理

拥有券商背景的第三方理财机构，因为具有较强的投资研究背景，规划方案侧重于投资产品导购与组合管理；而拥有保险背景的第三方理财机构，在风险管理与理财规划建议方面具有较强实力。

行业新潮——理财顾问服务平台

2015 年以来，伴随行业发展，一些专业人士及销售精英开始走向独立化。他们凭借多年工作能力与客户信赖，逐渐脱离大型机构，以个人或财富管理办公室方式走向自由化。

与大型机构相比，理财顾问和中小型理财公司在行业资源、投资研究、IT 系统以及风险管理能力上存在一定程度的能力不足。它们依靠在细分市场的开拓能力，形成一定的业务优势，但需要将精力与资源整合集中起来，在中后台管理方面利用外部供应商平台提供更加专业化的服务。此时，理财顾问服务平台应运而生。

在财富管理市场更为发达的美国与欧洲，为理财顾问提供服务（或以理财顾问作为重要战略核心，或以金融科技辅助理财顾问）的财富管理机构业态成为一大亮点，比如，欧洲金融集团（Bank European Financial Group，简称 EFG，以理财顾问为组织与战略中心）、班卡·费德母公司（Banca Fideuram，开放的金融顾问网络与高净值客户办事处）、个人资本公司（自主化配置与个性化顾问咨询）、X 转变公司（Xchanging，全球性业务流程服务外包商）、恩威斯特公司（Envestnet，金融系统流程和技术支持）。

EFG 是瑞士一家专门从事私人银行和资产管理的银行。1995 年，它由两位私人银行家在苏黎世发起设立。2005，它在瑞士交易所上市，成为瑞士第六大私人银行。2016，它又完成对瑞士私人银行（BSI Bank，成立于 1873 年的私人银行）的收购。

EFG 的战略中心是精英化的客户关系官（Customer Relationship

Officer，简称 CRO）——具有资深私人银行服务经验的从业者。2016 年 EFG 的 CRO 为 697 人，管理资产规模（AUM）1.445 亿瑞士法郎。2011—2015 年，CRO 一直稳定地保持在 430 人以上。

这种以“猎手型”理财顾问为本的模式，是它在行业中的独特之处。开放式产品结构是 EFG 服务于这些高阶理财顾问的重要战略布局。与此同时，EFG 为这些精英顾问提供完整的中后台运营支持，流程处理、品牌建设、法律合规、激励制度等。

EFG 接受个人与团队形式的加入。虽然拥有分散化的理财顾问模式，但是，每年新增资产量与毛利率是这些高阶理财顾问的共同目标，他们如管理层一样，关注这样的商业结果。

意大利领先的金融咨询公司班卡·费德母公司主打顾问咨询模式，采用开放的理财顾问体系，它接受独立理财顾问，也为隶属于其他机构的理财顾问服务。2004 年，班卡·费德母公司体系中有 4 300位理财顾问。

富裕客户与高净值客户是班卡·费德母公司的目标客户群体，班卡·费德母公司为他们提供各类投资产品的资产配置，以及保险、养老产品的综合财务服务。专业的咨询团队和服务水准，以及客观中立的咨询方式，使班卡·费德母公司深得客户信赖，成为欧洲市场富有竞争力的类私人银行从业机构。

个人资本公司是一家美国在线财富管理平台（也称在线投资管理或在线理财平台），被国内熟知。它提供基于软件的智能投资分析（Personal Finance Software）与基于人工顾问咨询建议（Investing Made Personal）的服务，目标客群是可投资资产从 10 万美元到 500 万美元的人群。

这家公司的发展轨迹很好地诠释了机器人理财与理财顾问的

关系。

个人资本公司刚开始的口号是用机器人理财取代传统理财顾问。后来，它们发现，没有办法替代传统顾问。部分原因在于标准资产和非标资产的差异、个人金融行为和数据的差异、人的独特情感、购买商品的情感利益等。

于是，它们开始与一些理财顾问合作，将客户的一些复杂问题，转交给理财顾问线下处理，基本问题则由客户自己决定。但是，这样的效果依然不好，原因在于，合作的理财顾问在技术水平方面缺乏专业化的培训，服务水平参差不齐，也不能完全解决更复杂的问题。

最后，这家公司开始重视对理财顾问的培训，现在，它变成了一个拥有诸多专业理财顾问、并有庞大科技支撑的、高度人机结合的理财公司。2017 年，个人资本公司 E 轮融资再获 4 000 万美元的支持。①

X 转变公司是一家基于科技的商业流程提供商，在国际上为许多行业的客户提供服务。它将技术注入客户的业务流程中，协助其提高产能，增加价值并降低成本。

以银行业业务流程外包（BPO）为例，X 转变公司会提供包括事务处理、存款账户、贷款和借款、信用卡、客户关系服务的流程服务支持，帮助银行为客户管理风险、处理客户关系，提高银行产品特征和应对业务挑战，同时降低运营成本。

恩威斯特公司是一家集研究、证券投资组合、管理实践和报告解决方案为一体的财富管理机构。以行业领先的金融科技而著称。

---

① 资料来源：http：//www. cebnet. com. cn/20170831/102421941. html.

它为全美2.5万名优秀理财顾问提供4类基于工作流程的服务：投资研究，提供专业投资建议；投资方案部署，建立优化的投资组合；动态管理投资组合，实现资产再平衡；出具各类投资报告。

在国内，出现了以理财顾问为核心，为其赋能的平台型机构，如金石财策（powered by GSIFA）。金石财策的创始团队凝聚20年行业智慧与资源沉淀，为优秀理财顾问提供金融资源、领域智库、智能科技，以及业务流程服务，提升其专业能力，改善其业务模式，释放其商业潜能。这一理念使金石财策不同于传统的金融机构和市场上常见的第三方理财公司，作为一家独立理财顾问机构，其构筑的是以专业人才为核心的业态。

理财顾问在中国是一个新兴的职业，它天然具有两重属性。首先它是一种市场型的职业，需要开拓客户，不断找到客户的理财需求。其次，它更是一种专业型的职业。作为一个专业人士，他要在市场中挑选出有竞争力的产品和服务，整理变成客户的解决方案，解决客户靠自己的资源、技术、精力、体系等无法解决的财务问题。

当前行业仍处在以金融产品销售为导向的初级阶段，但中国财富管理专业化的时代大幕已经开启。无论是独立的理财顾问，还是依附于大型机构的理财师，现在，理财顾问可以借助更多方式来拓展知识与资源边界，集中势能专注于自身的优势领域。这一创新模式无疑将释放更多的金融人才红利。

值得注意的是，在人人时代，平台化趋势愈加明显，通过专业分工与高效协同，可以为卓越个体施展身手搭建舞台。通过联盟，平台与平台用户的目标与使命会统一为终端客户提供更好的产品与服务上来，最终实现多方共赢。

随着交易成本的下降和管理成本的上升，财富管理业将向着平台化的方向发展，组织的边界越来越模糊，企业的结构更加灵活和扁平化。理财顾问要时刻关注行业的动向，善用平台资源提升自我价值。

理财顾问所从事的是知识型、专业型工作，随着中国财富管理市场理性回归，专业人格力量将得到崇尚。这是一个专业顾问崛起的时代，那些具有良好职业操守、优秀专业能力、充足资源禀赋的理财顾问，将会迎来空前的市场机遇。

第六章

理财顾问的场景革命

很多顾问在金融营销方面成就非凡，
但在财富管理事业经营上却幼稚得像个孩子。
他们沉浸在业务细节上不知疲倦，
却不知成功亦是成功的桎梏。

今天，中国财富管理 2.0 时代已然开启，对于财富管理的事业我们要有新的认知与思考。行业正朝着平台化、专业化、智能化的方向快速迈进，这是一场无声的革命。在这场无声的革命中，创新成为理财顾问实现卓越的唯一选择。

首先，我们需要看到共享经济时代的来临。今天，社会各种要素共享的效率显著提升，理财顾问也开始走向开放。职业化的理财顾问整合内外部资源，协同作业，为客户提供综合化、个性化的财富管理服务，以此来形成自身的团队品牌与持续竞争力。

其次，我们需要看到知识经济时代的到来。中国财富管理行业正在快速迭代，它正从产品服务走向服务体验，进入财富管理专业化时代，专业服务和客户满意度成为目前中国财富管理机构的主要目标，市场对理财顾问这一职业群体提出新的要求。

最后，我们必须看到智能时代的来临。基于大数据与机器学习的人工智能可以在资产管理、自动化交易、助理工作、数据存储与挖掘等诸多方面快速改善理财顾问的作业方式与效能。以人为本，科技助力，将会成为未来金融服务业中重要的发展趋势。

在共享经济、知识经济、智能时代的这些场景中，理财顾问如何实现卓越？接下来，我们将分享3位行业人士访谈录，以此来帮助你重新定义理财顾问。

共享经济时代的理财顾问

良好的方法能使我们更好地运用天赋的才能。

——贝尔纳（Bernard）

优步（Uber）和爱彼迎（Airbnb）风行全球，滴滴打车、小猪短租崛起，这些创新的商业模式宣告“共享经济”的时代已经来临。它不仅在重塑服务乃至生产的业务模式，更在重塑人与人、人与物之间的关系。

共享经济，又称分享型经济、协作型消费，其本质是整合个人拥有的过剩资源，分享给他人使用并获得某种意义上的收益。对于供给方而言，通过在特定时间内让渡物品的使用权或提供服务，来获得一定的金钱回报；而对需求方来说，不是直接拥有物品的所有权，而是通过租、借、交换等共享的方式使用物品。

共享经济改变了我们的思考模式，从拥有变成租赁，从追求大而全到接受小而美。使用价格降低因为成本被分摊了。资源得到有效配置，物尽其用。未来，社会结构将由金字塔型向扁平化发展，寡头提供底层基础平台，多样化个体分布在其上。

我们生活中的很多方面都已被共享经济所浸润，财富管理业也同样正受到这一趋势带来的巨大影响。理财顾问从事的既然是一项自我经营型事业，那么面对今天共享经济的大潮，该做出怎样的思考呢？

商业资源共享是顾问服务的超车道

物质过剩，人的知识、时间也有富余，我们越来越被裹挟在碎片化的资源与信息中。信息时代的到来实现了这种余缺的调剂，这种效率的改善带来成本的分摊。

社会开始出现新的、非常好的“再分工”。封闭组织走向开放式的平台，变成自组织。共享经济平台可以实现无边界扩展，在世界范围内呈几何级扩张。理财顾问如何抓住并且充分驾驭、受益于这个机会，取决于他的心智认知与行为习惯。

共享经济正在重构价值、重构连接、重构体验

“共享”的概念其实早就存在，比如以前的录像带出租、街边的打印店等。但“共享经济”到今天已经发展为一种大的趋势，它正在改写全球的经济格局。这是有其时代背景的，主要可归纳为两个方面：一是社会环境变迁，二是科技进步。

过去几百年来，经济学家们主要都在谈稀缺，即资源有限，在约束条件下如何进行资源配置，使产出最大化，为社会提供更多的产品与服务。而今天我们看到，工业化创造了大量的社会产品与财富，很多时候我们面临的不再是短缺，而是产能过剩，许多资源被闲置，得不到充分利用。不仅物质过剩，人的知识、时间也有很大富余。我们越来越被裹挟在碎片化的资源与信息中。

信息的获取更为廉价、便捷，拓展了人与人之间连接的时空限

制。移动互联网的出现，令个体的需求与供给之间几乎可以实现瞬间的精准匹配。这一变化带来的重要影响是，社会开始出现新的、非常好的“再分工”。从本质上来说，就是这个社会变得更有效率：个体的需求可以更好地被发现，非集中的供给也可以很好地跨越时空去满足需求。

信息时代的到来实现了这种余缺调剂，令资源得到更有效的配置，物尽其用。而这种效率的改善，在价格层面带来的是成本的分摊，大家可以用较低的成本获取一些新的资源。

工业时代，为便于生产管理，大多企业都是雇佣制的。而今，很多依靠自身专业能力和资源的个人开始独立化，即自组织化。比如知乎、在行，就如同一个人的资源公司。在行专家不需要像传统咨询公司一样去监管部门注册，雇佣前台员工，具有物理营业网点和交易支付结算系统。由此，原来一个个孤岛式的公司开始变成平台加上一个个“小而美”的自组织，而平台则为大家提供基础设施。

总结来说，共享经济正在重构价值、重构连接、重构体验。

在共享经济的时代，理财顾问要借助商业资源共享将自己高度市场化。中后台基础设施建设寻求平台外包、共享“1 + N”顾问模式，就是一种理财顾问可以运用的共享经济模式——成本分摊、风险分摊、资源共享。

以财富管理办公室为例，很多优秀理财顾问希望组建自己的团队，或与志同道合的顾问构建一个中型的财富管理办公室。但是，优秀的顾问在这一美好的职业梦想面前往往难以迈步或者说举步维艰，原因在于这期间具有流程风险、成本风险、资源风险、管理风险及运营风险等。

然而，理财顾问服务平台的出现，为这些问题的解决打开了天窗。在完善的理财顾问服务平台上，业务所需的行政秘书、办公资源、“1 + N”顾问模式、产品补充、品牌拓展等，成长所需的培训体系、专项训练、资讯投研、职业规划等，都以精品化的方式供顾问采购。这些就是理财顾问可以利用的共享经济。

财富管理是门有温度的艺术①

财富管理是当前金融业最热门的领域，它需要跨界的专业知识、技术与资源的融合，与其说它是一门科学，不如说更是一门艺术。

在财富管理行业，资源整合能力不可或缺。跨界延展与连接，以“1 + N”的模式为自身与他人的专业与资源相互赋能，产生对客户有意义的服务，理财顾问不仅要成为专业人士，更要成为能连接资源也能被他人连接的职业人士。

问：你如何理解财富管理的专业化与职业化？

答：财富管理不是工具与方法的拼图，而是有温度的解决方案。财富管理不仅是一套附着产品、制度的方法，更是一门工于匠心的艺术。

“你不理财，财不理你”的理财 1.0 时代已经淡去。财富既要有规划，更要有管理。很多人买了各种理财产品，也组合了不动产、PE、VC 等各种投资，但仍处于“剪不断，理还乱”的无限焦虑中，其中一个重要原因就是在需求与产品和服务之间缺乏逻辑和连接，难以形成合力，难以生成系统方案的功能性、制度性效力。

财富管理不是对理财产品的简单拼装，也不是法律、保单、信托的“跨界组团”。缺乏系统筹划和动态管理，是当前中国财富群体

---

① 访财富管理法律专家于永超。

普遍面临的问题。今天，财富管理已进入跨国别、跨市场、跨周期、跨代际管理的时代，客户更需要一套从资产管理到事务管理的综合解决方案，以及持续的动态服务。

财富管理，以人为本。青年、中年、老年，单身、已婚、离异、再婚，无子、独子、多子，生、老、病、死……从摇篮到天堂，在人生的不同阶段，随着年龄和家庭结构的变化，每个人的禀赋、需求、心态、性情都会不同。

一位优秀的理财顾问，在为客户提供财富管理服务时，绝不是给客户提供安全可靠的产品就可以了，也不是穷尽才思为客户设计一个完美架构就完工了（况且世间本没有终极的完美），而是要敬畏财富的逻辑，尊重生命周期和精神情感归宿，从内心溢出一股职业的温暖和力量，用善的智慧、对的产品、好的服务、优的技术，给客户以法律和制度安排，赋客户以力量，从而令其归于从容淡定的品质人生。

客户情况千差万别，环境与人生变化万千，客户的需求或高端、或丰富、或极致、或无厘头。因此，财富管理一定不是客户要什么就给什么，也不是我们有什么就和盘托出，而是要探究客户的真实需求（心里想什么），并判断客户的客观需要（真正缺什么），理财顾问的一个重要职责就是帮助客户明晰方向、理顺关系、分析利弊、解读引导、理性选择。

财富管理最终要落地，即通过选择成本最低、风险收益比最合理、最契合于客户需求的产品、工具和服务，形成一套“贴心合体”的解决方案并可操作。财富规划是静态的，财富管理则是动态的。解决方案的出炉，意味着财富管理的使命才刚刚开始。持续跟进执行、动态跟踪服务、定期财富检视、方案优化调整，都是必不可少的。比如，资产配置中的资产结构调整、传承规划中的遗嘱修改变更等。

在这个过程中，一个职业财富管理师的品性与初心尤为重要，是从纯专业的角度不惜“杀敌一千自损八百”死磕诉讼，还是为客户运筹帷幄，止损、留余，纷扰尽处海阔天空？因此，财富管理既是财产与情感的管理，也是生命与灵魂的管理。需要的不仅仅是知识、技术、匠心，更需要系统、智慧、爱心，它是一门工于匠心的艺术。

众所周知，在客户需求日益复杂且客户成长速度超越专业服务发展速度的今天，财富管理从业者需要迅速提升专业能力。

那么，何为专业？技术进步令信息获取变得异常方便，在每天接触到的大量信息中，有些是无效的，有些是错误甚至有毒的。能从纷繁的信息中提炼出有价值的知识，将知识转化为有意义的技能，用这种技能有效地服务于客户，这就是专业。

但仅有专业是不够的。越是专业，越容易陷入盲目的专业自信与执着，越是聚焦，路径往往越窄。在财富管理行业，资源整合能力不可或缺。跨界延展与连接，以“1 + N”的模式为自身与他人的专业与资源相互赋能，产生对客户有意义的服务，能丰富并更好地实现自身单一专业的价值。因此，理财顾问不仅要成为专业人士，更要成为能连接资源也能被他人连接的职业人士。

贝恩分析指出，参照发达财富管理市场经验，理财顾问的专业顾问能力和专业资质将成为专业理财机构的核心竞争力。从专业到职业，提炼真知转为技能，成为一名适应时代发展、值得客户托付的理财顾问，成为赋能客户的价值中心，职业认证学习无疑是从业者的当务之急。

从专业到职业，是一段突破自我的成长之路。而这种成长既要仰望星空，也要足底生根，脚踏实地，快速成长。这需要理财顾问有清晰的职业定位、理性的工作哲学、完善的知识结构、精湛的业务技能和高效的作业流程。

拥有了这些必备条件和素质，在财富管理的实操中，才能很好地运用信息、知识，充分发挥职业技能，梳理客户的财富逻辑，设计整体架构，最终形成安全有效的解决方案。这样才能对客户的需求有全面准确的了解和定位，挖掘和明确客户财富目标，从而分析和预判潜在的风险，进而选择配置有效的金融产品和法律工具。

知识经济时代的理财顾问

知识就是力量。

——培根（Bacon）

在内容价值 1.0 时代，信息短缺，所以人们需要更多的新闻与资讯。与财富管理行业对应，这个阶段的顾问主要做的是信息不对称下的产品的搬运。

现在，信息爆炸，人们渴望正确的、精准的资讯、有决策指导意义的知识、来源于实务的经验。于是，知识经济成了内容价值 2.0 时代的商业模式，其载体是知识与经验。此时，市场所知的理财顾问专业化，指向在此。

内容价值 3.0 时代，内容价值的载体是资源和服务。在此阶段，能否整合资源提供完整的解决方案，是成功与否的关键。从某种程度上看，这与理财顾问的工作服务性质极其相似，也是理财顾问职业对于客户来说本来的“样貌”。

今天，我们已进入知识经济时代，理财顾问从事的是一项知识型工作，那么，理财顾问要如何把握知识经济所带来的机遇？

财务策划是金融产品之上的“产品”①

随着知识经济的到来，选择、需求、资讯的多元化，金融营销人员的服务方式和内容也在悄然发生改变，新的金融服务——财务策划服务应运而生。

财务策划是通过帮助客户选择恰当的金融产品，合理配置资产，从而实现其人生目标的知识体系，它是一套金融产品之上的“知识型产品”。财务策划既是服务，也是营销。

问：你认为理财顾问的知识经济是什么？

答：任何一个东西都离不开信息的传递。过去信息传递基本是单向的，我们获取信息的通道不外乎报纸、杂志、书籍、广播、电视等。但是现在获取信息的方式，很难用过去的经验来定义，这是因为今天人们是用交互的方式获取信息。这之前，从来没有发生过这种立体交叉的形式。

今天，我们进入了信息时代。信息的获取变得越来越容易，知识的传播也越来越简单。但现在的问题是，很多人在这个时代开始迷茫：我们如何甄别更正确的信息，如何学习更有用的知识？这是现代人要解决的问题。

以前是我不知道，你知道，所以你就比我有学问。现在是你知道，我也知道，咱看谁知道的是正确的。这是我们今天不可忽视的一个趋势变化。

---

① 访金融营销管理专家于彤。

不同于欧美成熟市场的客户对于金钱、金融产品、金融技术的认知和理解有着较长时间的积累，中国家庭对于金钱的认识时间较短。我们和欧美最大的差异在于，我们在财富智慧上几乎没有沉淀，尤其是在新金融时代。

我们的父辈和祖辈对金钱和财富都没有什么概念。以前我们认为挣到的都是钱，把金钱等同于财富看待。现在，我们知道，财富并不仅仅是货币化的金钱，股票、基金、保险、信托、房产等都是财富的不同形态。我们对于金钱、财富的理解还很初级，更不用说打理钱财的知识和技术了。所以关于理财，我们的根基非常薄弱。

一边是经济快速发展，带来个体、企业、家庭的可支配收入增加，财富迅速积累；一边是相对薄弱的对于金钱管理的知识和技术。这就形成了巨大的反差，这正是为什么中国人现在有钱反而觉得焦虑，为什么现在这些金钱被创造出来的时候，金融会出现一些乱象。

作为金融消费者，老百姓开始面临林林总总的金融产品，需要做出选择。他们发现，单纯依靠某一种金融工具，不能解决人生中非常多的和金钱相关的问题。也不知道哪些风险能带来收益，可以参与，哪些风险无法控制。客户固然需要教育，那由谁来教育市场？当然是金融从业人员，因为他们是最接近市场的人。

金融市场商业模式的产生很大程度上是基于信息不对称，因此需要中介服务来进行信息传递。财务策划某种程度上也是一种中介服务，是为了让信息变得更对称一些，使交易双方信息能够更加匹配。

不论对金融机构而言还是对理财顾问而言，他们从事的是市场型的工作，需要去了解客户、满足客户，这完全是商业行为的范畴。

财务策划服务依赖于市场，在金融业发展初期不会产生，因为那时没有需求，金融产品简单、客户需求简单，金融服务也简单。而到现在为止，我们看到，新金融时代背景下，客户日益复杂的金融需求，强烈要求财务策划服务的出现，这实际上是知识经济时代在理财业中的体现。

问：对于这种理财领域的知识经济，理财机构与从业人员是否需要重视和参与它？

答：任何金融机构都是一种商业存在，作为商业机构，自然就会有它经营的产品与服务，这些产品与服务的盈利情况，取决于市场的供需关系。

回看中国金融业的发展历程。新中国成立以来，金融机构主要有官办和国有。同时，计划经济体制下，需求有限，社会资源的匹配由政府统一指定。因此，基本用不上金融营销。

金融产品为什么需要主动营销？需要营销就代表它的供需情况发生了变化。金融营销的发展经历了产品驱动、关系驱动、需求驱动和信任驱动不同的阶段，见图 6－1 所示。

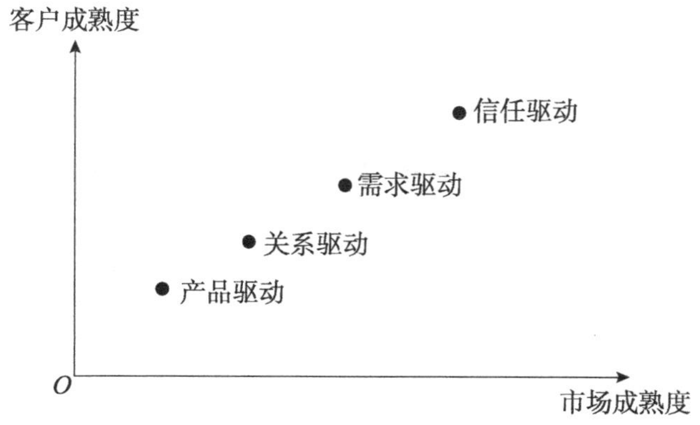

图 6－1　金融营销发展阶段

以前中国的金融服务主体是国有银行，其他机构都是附属和补充。近一二十年来，特别是中国加入WTO，金融领域日益开放，金融主体像商业银行、保险公司、证券公司、信托公司等如雨后春笋般出现并快速成长。这些机构的组织形式从国有到合资，到外资进入、民营公司成立……越来越丰富。

金融产业蓬勃发展，金融产品越来越多，产品属性也越来越不同，金钱的使用方式越来越多元，同时也越来越复杂。而伴随居民可支配收入的增加，个人或者家庭的理财需求也快速增加，但消费者在面对纷繁的金融市场时也遇到了问题，在金融产品的选择上遇到困难。

金融机构多了，金融产品多了，市场丰富了，客户的理财意识也觉醒了，他们发现自己在购买理财产品时可以做选择了。但因为有太多的选择，于是出现“不是买了就好”而是“要买对才好”。以前买衣服，有件衣服穿就好，新的就比旧的好。现在有一堆衣服可以挑选，我们选哪件？选什么样子、什么颜色、什么牌子？可选择的东西非常多。此时，如果没有专业的指导，对自己的需求又不是很清晰，客户可能就不知道怎么选，或者不会选。

以往市场（卖方市场）以金融机构为主导，谈不上客户要什么，而是金融机构有什么。产品少，银行、保险、证券等金融产品不用营销，也有很多人买。

现在，金融产品与服务的供需关系发生了变化，金融市场发展已慢慢过渡到买方市场。客户先要明确自己需要什么，然后决定选哪些金融工具来达成目标。丰富的供给与需求，带来“导购”的需求，以财务策划为内容核心的金融营销的重要性开始凸显。

其实，国外市场也是这样。在美国，原来也没有所谓的财务策划这样的职业内容。但是，20 世纪美国股市出现了一些比较大的波动，金融系统反映出比较大的问题，使得客户和金融机构都开始意识到，个体或者家庭需要更多元的财务安排，需要借助更多元的工具进行合理规划和配置。因此，那个时候产生了理财规划或者财务策划类的工作内容。

今天，中国的市场环境发展到了一个新阶段，高收入人群增加，金融市场从原来的金字塔型的管理机构变得越来越扁平化，金融创新加快，金融从业人员由产品销售为导向转向满足客户需求为导向，服务变得越来越融合。

这也使财务策划的发展有了基础。市场开始产生一些专业的金融营销方式，给客户、给企业和个人提供一些满足个人财务目标的金融产品服务，由专业人员、专业机构去匹配。

客户买钉子，不是为了拥有钉子，而是为了挂幅画[①]

问：现在市场共识是财富管理市场专业化进程加快，掌握并提供财务策划服务其实是专业性的体现，请谈谈财务策划在当下对于理财顾问的意义？

答：我们把财务策划定义为一种新知识、一种金融服务的新产品。

每个金融工具都是一把双刃剑，用对了有益，用错了受害。金融工具本身没有好坏之分，期货有期货的用途，股票有股票的作用，保险有保险的价值，银行有银行存在的必要。这些产品究竟在什么情况下可以满足客户的需求，完全取决于客户与金融机构之间是否

① 访金融营销管理专家于彤。

信息对称。财务策划业可以帮助两者之间的信息进行更好的匹配，因此财务策划行业应运而生。

财务策划是通过帮助客户选择恰当的金融工具合理配置资产实现其人生目标的知识体系，它包含这样的知识和技术——更好地把金融工具整合起来，通过服务于客户的需求，帮助客户管理金钱，然后实现客户的生活目标或个人愿望。

财务策划的主体内容是根据客户的目标进行资产配置、产品组合，其背后的逻辑令今天的金融从业者都要学习它。不是你要不要学习，而是如果你不学习，就没有办法从事金融服务这一职业，因为你没有办法给你的客户提供公允的、合适的财富管理安排。

分业经营下，金融服务者往往是单向思维，比如银行经理只关心他们自己银行的产品，证券经纪人只关心股票，保险代理人只想多给客户推销更多的保单，做信托的只关心多卖信托产品。这是我们熟悉的过去的金融从业者的日常工作场景。

现在，应该说这样的工作模式的局限性已经开始显现，为什么？客户是因为有需求而选购一个产品，还是因为选购了产品而产生真正的需求？显而易见，客户买了一个钉子，并不是为了拥有钉子，而很可能是希望将一幅画挂在墙上。

另一方面，市场转向以客户需求为主导，金融从业者需要聚焦于客户关心的问题上，帮助客户解决问题，提供专业的解决方案。因此从这个层面来说，每一个金融从业者都应该学一点儿理财规划的知识。当你知道客户的整体需求，才能更好地满足他的个体个性化需要。因为很多事情是联动的，一个人头疼，可能因为头部受伤，但也可能并不是头的问题，而是因为其他器官发生了问题。客户对资金管理的各种需求之间也是有机相联的。

客户要考虑的不只是当下、眼下的金钱如何管理，他要考虑未来，还要考虑身后。客户需要更好的保障，需要去做一些更长时间的储蓄安排，需要使资金最大化，需要使他的企业更好地运营。

这个时候，客户直接去面对一二十个，甚至更多的不同的金融产品和工具吗？客户本身具有的金融知识和对产品的理解到了他自己可以很好地进行选择的程度了吗？或者你去为他提供一种金融服务，就能满足他所有的需求吗？

所以我们说，今天任何一个金融从业者都不能忽视学习理财规划的知识，如果你能基本上知道一位客户的整体情况，再为他提供一些个性化的服务或者是你擅长的服务满足其需求，这个时候你才能够在竞争中获得优势或者是体现你的价值。

所以，基于行业的发展，今天是一个财务策划的时代，基于竞争的需要，作为一名金融从业者，你要去学习财务策划的知识，基于满足客户需求的专业角度，你需要学习更全面的财务策划。

中国近10年也有一批相关的教育培训，但是整个行业基本上还处于初期阶段，讲授的内容更多是舶来品，是学习国外的一些模式。还有很多讲的是一些产品知识、理论概念。只有少数的专业理财顾问真正具备实务的、能被应用于实操的知识。

相比欧美那些有着几十年、上百年历史的金融市场，其理财经理都具备很丰富的经验、实务的经验，中国目前在实操领域还缺少这样的土壤，虽然第三方财富的兴起也开始有类似的工作内容，但是它的基础还比较薄弱。

不过，中国将迎来一个快速发展期，别人走了很长的路，可能在中国不用太长时间，就可以走到。相信很快中国会崛起一批掌握专业金融知识，并有实务经验的复合型人才。

问：很多时候，金融产品销售人员不重视专业是因为产品销售的短期业绩压力，你如何理解财务策划与金融营销的关系？

答：我认为，财务策划是一种金融产品之上的产品/服务。

财务策划简单讲，就是打理好钱财，实现财务自由、人生幸福的目标，这是感性的描述。若从理性上描述，财务策划首先是对现时的金钱管理，就是你的钱现在该怎么用，主要包括现金管理、收支的应用。

现金管理，包括银行储蓄、银行理财产品，甚至信用卡、信贷管理。而收支的应用，主要是家庭收支的平衡管理。比如，工薪阶层每个月收入到账，有一部分马上要分配出去，交水电煤气费、孩子学费，购买生活用品，用于柴米油盐的开销，以及房贷、车贷还款等。

财务策划讲究“有现在、有未来”。除了现时的金钱管理以外，还要考虑整个人生阶段，很多时候今天的钱是和未来发生关系的，所以我们要关注的不仅是当下，还要给未来的生活提供保障。虽然说幸福是金钱买不到的，但是我们都承认没有钱是万万不能的。如果说金钱可以给人带来幸福的话，幸福的第一要义是你能够获得一种安全感，金钱带来的安全感。所以，我们看到保障的规划是非常重要的。

人生中很多问题是金钱问题，大多数人都要面对。其中一些难题实际是金钱的大问题，它们往往是使用大量金钱、消耗大量金钱的事情。人要面对哪些问题呢？无外乎死亡、伤残、意外、医疗、退休、教育、税务。

这些问题实质是对风险的管理问题，其构成了财务策划的逻辑，即财务策划是通过资产的合理配置，实现个人或家庭当前及未来的财富积累、保护与分配，涵盖了家庭财务风险管理、退休规划、子女教育规划、投资规划、税务筹划及遗产规划等。

可以看到，财务策划是一套系统的逻辑体系，它独立于金融工具，是金融产品之上的一套“知识型产品”。

现在已经有这样的趋势或者是将来有这样的人群会产生，他们并不单一售卖他们所销售的金融产品，他们可能更愿意跟客户沟通生活的话题。通过生活话题的深入来了解客户的需求，和他们自己本身工作的对应关系。深层次来看，其实都是一种财务策划师的模式。

在今天，单一的金融产品能满足多个理财需求也是存在的，甚至推销模式也是存在的。它比较强调销售技术，强调客户关系管理，强调勤奋和努力的程度。同时，在这个市场里也会催生一批以复合、专业的财务策划为导入的市场服务模式。它更强调知识体系、理论水平和实务操作，偏重于知识型营销，理论知识的营销，关注客户买什么东西更符合客户需求。

但是，我们知道，在进入一些中产或更高的市场中时，敬畏专业一定是一个趋势。所以你如果能掌握财务策划的知识、能力与技术，你在未来的竞争中会更有可能胜出，或者你更能主导未来的市场。

智能时代的理财顾问

天才跟科学结合才能产生最大的效果。

——赫伯特·斯宾塞（Herbert Spencer）

金融科技是伴随着互联网金融兴起的一个新名词。有人说，金融科技并不比互联网金融高贵，解决问题才是关键。到底什么是金融科技？如果将其拆解开，我们关心两方面的事情：Fin 方面，对金融进行哪些革新？Tech 方面，会运用哪些科技热点？

从用户角度看，金融科技分为两类——面对 C 端（终端客户）和面对 B 端（理财顾问）。

运用于 C 端客户的金融科技便是俗称的机器人理财，专业名词为智能投顾，也称为数字化资产配置，顾名思义，是用更智能的方式做你的投资顾问，是的，是投资，不是理财。

在海外，金融巨头如花旗、高盛、贝莱德等都已进入智能投顾领域。一批新型金融科技公司如贝特曼特（Bettement）、先锋理财（Wealthfront）等迅速崛起，成为这个领域的先锋。

新一轮的商业革命快速到来，传统模式备受挑战。商业智能时代，理财顾问如何借势开创业务新格局？

拥抱金融科技，直面智能投顾的挑战①

智能投顾对初、中级理财顾问的替代效应将是一个长期的趋势，初、中级理财顾问必须有足够的危机意识，强化自身专业技能，及早进行理念和技能层面的自我提升，以更好地应对智能投顾的挑战。

如果善用金融科技，理财顾问可以获得强大的业务助力，如同穿上钢铁侠的合金战衣，在特定细分市场与智能投顾的竞争中获得应有的优势地位。

问：金融科技的概念是什么？其驱动因素有哪些？

答：金融科技这一概念，如果仅从字面上来看，很难领会其内涵与实质，并且很容易把它和传统的金融行业信息化、金融行业信息基础设施建设工作所需要的一些技术混淆起来。事实上，我们这

① 访资产管理、金融科技专家韩建东。

里所谈的金融科技，是指 FinTech，一个在新的历史条件下，有着新的精神内涵的概念。

根据维基百科的定义，FinTech 即 financial technology，是指以云计算、大数据、人工智能等创新型科学技术驱动金融业务创新，用科学技术改进金融体系，进而提升金融服务效率、降低金融机构的运行成本和服务成本，并最终改善金融服务体验。

接下来我们引用东吴证券研究所金融科技专题系列报告中的一些数据：

根据零壹财经 2016 年年初的统计，目前全球涉足金融科技领域的公司已经达到 1 300 多家，覆盖 50 多个国家和地区。此外，来自 CB Insights 的数据显示，2015 年金融科技领域的融资规模达到 191 亿美元，再创新高，是当之无愧的投融资热点区域。

金融科技技术和相关的业务模式创新，归纳起来，其驱动因素可以分为两类：一是金融业务的内生式创新需求，二是科学技术的进步。

在金融业务创新方面，首先我们来看看银行领域。由于管制严格，我国大陆地区的存贷利差长期稳定在 3% 左右，银行通过存贷利差即可获得高额利润。2013 年利息收入在我国上市银行的收入中占比高达 80% 左右。2013 年 7 月 20 日，金融机构贷款利率取消 0.7 倍的下限；2014 年 11 月 22 日起，金融机构存款利率浮动区间的上限由存款基准利率的 1.1 倍变为 1.2 倍。利率市场化改革开始打破银行垄断利差，倒逼银行通过 IT 提升风控管理，并且要通过非利息业务创新改善收入结构。

其次，普惠金融业务需求的出现需要全新的金融服务来满足。最近几年，以 P2P、众筹、供应链金融为代表的普惠金融业务本质上是为了满足长尾低净值用户和中小微企业的金融需求。这些需求，与中高净值用户的财富管理需求具有较大差异，需要传统金融机构创新金融服务形式，对金融机构的快速响应、精准定位等革新提出较高挑战。当然，客观上，有些新型服务需求是传统金融机构囿于自身机制而满足不了的，那就需要由一些创新型的金融服务机构来填补空白。

从证券业务方面看，佣金率下行的趋势倒逼券商探索新的盈利点。近年来，互联网证券蓬勃发展，成为银行、证券、保险三大传统金融行业中与互联网融合发展最为成功的领域，互联网开户、交易、资产管理等业务不断取得突破。互联网证券在为券商带来海量小微客户的同时，也深刻影响着行业原有的商业模式，红海竞争导致券商的经纪业务佣金率近年来持续下行。2016 年一季度行业整体佣金率已下滑至 0.042%，创历史新低。这种背景下，以智能投顾、财富管理为代表的增值服务可以有效提升客户体验，满足个性化的理财服务需求。

上文是从银行、证券的角度分析了金融科技技术的驱动因素，横向来看，信托、公募基金、基金专业子公司、阳光私募，甚至保险资管、期货公司等公司也都存在或强或弱的内生性创新需求，为金融科技技术的发展演进提供了土壤。

接下来我们再从科学技术角度来看看金融科技技术的驱动因素。归纳起来，可以主要看一看大数据和云计算、人工智能和区块链等技术对金融科技技术的驱动。

大数据和云计算在金融行业有广泛的应用。云计算可以降低金融机构的运营成本并且满足复杂的运算分析需求。根据东吴证券研究所的总结，大数据与金融科技的融合发展体现在数据搜集、整合及应用三方面：第一，在数据整合方面，传统金融机构基于竞争关系往往难以实现数据共享，而第三方金融科技公司通过合作共赢模式能够将用户沉淀在各大金融机构的数据进行整合并实现增值；第二，在数据搜集方面，金融科技借助新的数据采集技术相比传统金融的数据来源更广泛、多元，例如物联网的兴起为数据采集提供新渠道，保险业金融科技公司可使用无人机进行远程数据采集，或对车祸现场进行拍摄；第三，在数据应用方面，金融业务本身对数据依赖性极强，而经过整合、分析、处理的大数据对业务蕴含价值更高，目前已全面应用于金融业风控、定价、营销、征信、评级等多个环节。

随着互联网、移动终端的普及，以及物联网的兴起，全球将迎来海量数据时代，数据规模将呈现几何级增长，根据 EMC 和 IDC 联合发布的数字宇宙研究报告，2013—2020 年全球数据量将增长 10 倍，从 4.4 万亿 GB 增至 44 万亿 GB。同时，数据源将越来越丰富、数据获取方式将更加多元、数据处理成本也将持续降低。

近年来，云计算大幅提升计算能力，基于深度学习的人工智能技术再次取得突破性进展，已开始进入实用化阶段。同时全球对人工智能领域的投资总额不断增长，2015 年已经达到 23.9 亿美元，且交易笔数持续增长，推动人工智能产业的蓬勃发展和在各行业的深入应用。

人工智能致力于通过机器智能实现对人的意识、思维过程的模拟，甚至超越人类智能。人工智能在金融投资领域的应用目前聚焦于智能投顾，是指通过云计算结合投资者的投资目标、风险偏好、财务状况等信息输入，使用后台算法自动化推出资产配置组合（基于马科维茨的现代资产组合理论），追求分散、稳健、长期的收益。

智能投顾在全球资产管理领域备受关注，被认为是下一个变革传统投资管理模式的技术创新，且目前全球已有许多智能投顾产品及服务落地。

区块链也是近两年的科技应用热点。它是基于分布式记账原理，使用去中心化共识机制维护一个完整的、分布式的、不可篡改的账本数据库，类似于一个公共、透明、海量的记账簿。区块链起初是比特币的一种底层技术，实现比特币交易的自动记录，且环环相扣、不可修改、不可删除，每笔记录交易信息公开且准确无误。

区块链在金融领域的潜在应用前景十分广阔。例如，它的记录功能可以有效降低银行的运营成本，信息透明性可降低风险和工作难度，去中心化的支付与清算功能效率更高、速度更快，运用于交易所产权交易可显著提升登记、发行、交易、转让、交割清算的效率等。虽然区块链目前在全球尚处于发展初期，存在诸多技术应用问题，例如记忆容量有限、对于隐私的保护、同步信息耗时过长等，但仍有众多主流金融机构积极探索其具体技术方案、应用场景和商业模式。

问：金融科技具体有哪些应用领域，在财富管理领域的应用模式是什么？

答：从基本概念来分析，金融科技可以渗透到传统金融机构和创新型金融机构的前、中、后台业务的方方面面，也可以和金融业客户的工作、生活紧密相联。

根据东吴证券研究所郝彪、丁文韬研究员 2016 年 7 月 11 日研究报告（《FinTech 席卷全球，科技引领金融前行》）的观点，从 IT 技术对金融行业的推动和变革角度来看，国内金融科技行业的发展经历了 3 个阶段并且开始走向成熟。

第一阶段是金融IT阶段。主要是指通过传统的IT软硬件来实现金融行业办公和业务的电子化，提高金融行业的业务运作效率。在这一阶段，IT公司不参与金融公司的业务环节，IT部门在金融公司体系内处于服务支持和成本部门。

第二阶段是互联网金融阶段。互联网公司或者金融公司、金融IT公司搭建在线业务平台，通过互联网或者移动终端渠道汇集海量用户，实现金融业务中资产端、交易端、支付端、资金端等任意组合的互联互通，达到信息共享和业务撮合，本质上是对传统金融渠道的变革。这一阶段代表性的业务有互联网基金销售、P2P、互联网保险、移动支付等。

第三阶段是金融科技阶段。通过大数据、云计算、人工智能、区块链等最新IT技术，改变传统金融的信息采集来源、风险定价模型、投资决策过程、信用中介角色等，大幅提升传统金融的效率和解决传统金融的痛点。代表性的业务比如大数据征信、智能投顾、供应链金融等。在金融科技阶段，新技术与金融深度结合，标志着金融科技走向成熟。

中国的互联网金融近年来得到快速发展，主要原因是普惠金融供给不足以及互联网金融公司在包容监管的环境下进行了大规模的监管套利。2013年以来，以P2P为代表的互联网金融经历了初步兴起—爆发式增长—野蛮生长—风险频出—全面监管的发展路径。与欧美金融业畅行的金融科技相比，互联网金融是我国独有的概念，两者的核心区别在于前者聚焦科技以服务金融，而后者聚焦“互联网+”模式以实现金融业务规模的迅猛扩张。

金融科技的内涵更加广泛，互联网金融包含于金融科技。金融科技内涵囊括金融服务全部环节，包含一切能够运用于金融的科技创新，且影响所有金融服务参与者。相比之下，互联网金融以模式创新为驱动力，侧重互联网及通信技术，影响传统金融机构的渠道，以“互联网＋”形式占据了传统金融未能完全覆盖的中小微市场，实现普惠金融，但对整体金融的革新意义大部分聚焦于前端展业，内涵范围相对狭窄。我们认为互联网金融是金融科技的分支之一，也是金融科技在中国独特市场环境中衍生的初级阶段。

目前，金融科技生态圈内业务应用领域涵盖了支付清算、互联网信贷、零售银行、财富管理、保险、交易结算（数字货币等）等金融领域，全面融入传统金融的各个业务板块。

金融科技在财务管理领域的应用，简单归纳，有3个层次：

第一个层次，通过金融科技直接构建了面向B端或者面向C端的创新型金融服务产品。比较典型的例子是很多创业企业提供的智能投顾服务，如璇玑科技、弥财、前景财富、蓝海财富等。而如果从广义的智能投顾角度来看，类似的创新型金融服务产品类型更多，如易选股、股票雷达、雪球等。

此外，近几年国内火热的互联网信贷业务创新及互联网保险范畴的创新，也可以归入这一层次。

第二个层次，是金融科技应用于传统金融机构、互联网金融机构的IT基础设施及决策支持系统，改善相关机构的运作效率，优化有关服务流程，进而为最终的财务管理用户提供更加优质的服务体验。

这方面的例子，可以参考基于区块链技术构建的支付清算系统和数字货币系统。

第三个层次，可以归纳为针对理财顾问或最终财富管理用户的工具类应用。例如，针对理财顾问的展业助手类应用，涵盖了客户信息管理、销售线索管理、工作流程优化、拜访日程安排等功能，可以大大改善理财顾问的工作效率。市场上还有专门针对理财顾问群体开展社交协作的工具软件。

不同层次的金融科技应用，或直接或间接地作用于财富管理流程中的一个或者几个环节，全面或者部分地优化客户的财务管理服务体验。

数字化顾问：顾问为本，科技助力①

问：什么是智能投顾，智能投顾和传统投顾的不同主要表现在哪些方面？

答：在这里，我们借用招商证券研究所信息技术板块研究团队针对智能投顾的有关定义。②

智能投顾也称机器人投顾，其概念于2012年起源于美国，是一种在线财富管理服务。根据现代资产组合理论，结合个人投资者的投资偏好和理财目标，利用算法和友好的互联网界面，为客户提供资产管理和在线投资建议服务。机器人投顾可以在无须人工参与的情况下提供投顾服务，包括提供投资咨询建议、投资分析报告、投资组合选择、交易执行、风险管理等。目前智能投顾以ETF作为主要投资标的，并通过不同类别ETF的动态配置来提高投资组合的分散程度。

智能投顾结合人工智能、大数据、云计算等技术。采取赚取主动β收益策略的智能投顾，解决了传统投顾模式的痛点，具有高效

① 访资产管理、金融科技专家韩建东。

② 具体内容详见该团队2016年7月20日的专题报告《智能投顾，开启万亿级理财新纪元》。

便捷、费率低、门槛低、投资分散度高等显著优点。

智能投顾的核心技术流程体现在现代资产组合理论、投资策略生成（ISM）、量化投资策略及智能代理（IA）4个维度。通过人工智能及大数据技术将后3个维度有效衔接，使之成为一个有效的投资决策系统，在为投资者提供高度个性化匹配的投资组合配置的同时，还能对组合进行动态优化调整。

与传统意义上的量化交易不同的是，由于机器学习辅助的介入，智能投顾的投资模型参数可以做到实时变化，从而达到自动优化的效果。

智能投顾的投资策略在于赚取主动β收益。β收益是市场对系统性风险的收益补偿，通过复制市场组合的产品即可实现，且具有易实现、费用低、标的资产规模大以及偏长期等显著特点。与之相对应的α收益，实现难度较高，标的资产规模偏小且费用较高，是择时选股能力的体现。综合考虑上述两类收益的特点，获取β收益的费用相对较低，通过人工智能技术容易实现，可通过各类ETF产品实现市场组合的构建从而获得大类资产配置，因此成为智能投顾投资策略的不二之选。

传统投顾由于其成本相对较高，一般服务对象是高净值客户，而智能投顾由于采用基于算法的自动化策略，其成本大大降低。智能投顾的主要特点有以下几个方面：

低门槛：大多数智能投顾平台对客户的最低投资金额要求都很低，有的平台已经达到了0美元。

低费率：相对于传统投顾的最低管理资产1%以上的管理费率，智能投顾平台的最低费率已经低至千分之一。

易操作：智能投顾平台的投资流程相对标准和固定，其一般只需要几个步骤即可完成投资。

高透明：相对于传统投顾，智能投顾的投资组合完全向用户公开，投资信息及费用信息完全透明。

分散化：智能投顾服务根据现代资产组合理论，按照客户的风险偏好和理财目标，把客户资产分散到不同类别的资产上。

个性化：它可以针对不同客户定制最优投资方案。

长期投资：其追求的不是短期的涨跌回报，而是追求长期稳健的投资回报。

招商证券研究所刘泽晶研究员认为，智能投顾业务根据业务流程中人工参与的程度高低，可分为全智能投顾和半智能投顾（cyborg-advisor）；从目标客户类型来看，分为定向和通用两大类。在盈利模式方面，全智能投顾公司依靠咨询管理费用作为主要收入来源，而半智能投顾公司则通过推荐购买自身旗下的 ETF 等产品实现盈利。

在服务模式方面，短期内半智能投顾模式仍将主导市场，但全智能投顾则代表了行业的未来。目前中低净值客户投顾服务市场处于空白状态，虽然全智能投顾模式完全依赖人工智能进行投资决策，代表智能投顾的终极形态，但我们认为目前最有竞争优势与发展潜力的是半智能投顾模式，主要因素有：（1）从技术角度讲，人工智能技术还远未成熟，还无法胜任多维度、复杂化资产管理，导致其应用场景受到一定限制；（2）从现实运用来看，即使针对同一用户，不同公司智能投顾给出的投资组合配置也是千差万别，这一结果显然与资产管理的“适用性”原则相悖，需要人工检视与管理；（3）智能投顾目前还无法与用户动态交流沟通；（4）引入传统人工投顾，有利于吸引高净值、超高净值客户。

从行业发展情况来看，半智能投顾模式由于依托传统金融机构的平台资源和客户渠道，目前处于领先地位。但随着技术进步，更能体现智能投顾优势的全智能投顾模式将成为未来市场的主流。

问：金融科技应用对理财顾问的工作或者职业具体有哪些影响？

答：金融科技对理财顾问的影响可以从两个方面来分析：业务替代和业务助力。

首先我们来看看业务替代。

业务替代是指智能投顾服务对传统投顾服务在部分服务对象和服务功能方面的替代效应。前面我们提到，智能投顾服务是金融科技在财富管理领域的具体应用模式，相较于传统的由理财顾问实施的财富管理服务，具有低门槛、低费率、易操作、分散化等特点。

智能投顾服务对传统投顾可能产生的替代效应，可以从两个范畴来分析：服务对象和服务内容。

在传统的财富管理市场格局中，出于服务成本和服务经济性的考量，理财顾问很自然地会倾向于跟踪和服务中高净值客户。但针对为数众多的初、中级理财顾问，包括刚刚入行、从业经历尚浅、经验积累不足、服务理念有待提升、理财技术匮乏的理财顾问等，高净值客户的积累比较匮乏，因此核心的客户积累还是以中低净值客户为主。或者换个说法，在其客户结构中，中低净值客户的比例比较高。从这个角度来看，智能投顾服务由于天生具有普惠金融的属性，覆盖长尾中低净值理财客户群体，边际服务成本非常低，这些优势会对初、中级理财顾问群体形成比较明显的冲击。初、中级理财顾问群体必须对此有足够的认识。

再从服务内容角度来看，传统财富管理服务模式的服务流程包括需求分析、风险偏好分析、理财目标设定、资产配置方案、交易执行、资产配置绩效跟踪等环节。这些基本环节，在智能投顾服务模式中也都可以实现，服务效率更高，并且在部分环节上还可以提供更加深入和个性化的服务内容。由此来看，一般性的财富管理流程和技术，智能投顾都可以实现，这也会强化智能投顾对传统理财顾问所实施的财富管理服务的替代效应。

从这两个方面看，智能投顾对初、中级理财顾问的替代效应将是一个长期的趋势，初、中级理财顾问必须有足够的危机意识，强化自身专业技能，及早进行理念和技能层面的自我提升，以更好地应对智能投顾的挑战。当然，替代效应的显现，也不是一朝一夕的事情，现有智能投顾系统在用户个性化需求的挖掘、针对非标准化金融产品的支持、人性化售后服务的实施等多方面，也还需要一个不断学习优化和提升的过程。

接下来我们再看看业务助力层面的情况。

金融科技不仅仅是智能投顾，并不是有了金融科技，理财顾问的饭碗就朝不保夕了。相反，如果善用金融科技，理财顾问也可以获得强大的业务助力，如同穿上钢铁侠的合金战衣，在特定细分市场与智能投顾的竞争中获得应有的优势地位。

针对金融科技对理财顾问的业务助力属性，我们试着从两方面进行初步分析：展业助手和混业协作。

展业助手可以协助理财顾问完成客户信息管理、销售线索管理、工作日程安排、客户拜访行程安排、客户互动管理、金融产品管理、客户交易和签单、重大事件提醒等基本功能。换个角度来看，也可以理解为传统理财服务流程的数字化改造。目前，有一定 IT 实力的金融机构，如一些大众型商业银行、公募基金、保险公司等，都开发了类似的信息系统，名称也五花八门，有的叫客户经理业务系统，有的叫销售管理系统，有的叫客户关系管理系统等，不一而足。也有一些第三方软件开发和服务机构，用SAAS模式开发并运营第三方客户管理系统或销售管理系统。但从整体市场反响来看，有好口碑的产品寥寥无几，个中原因值得思考。

混业协作的分析前提在于：中国金融业的分业经营、分类监管格局；个人、家庭、中小企业理财服务需求的综合性和多样化、多层次特征；二者之间的矛盾及这种矛盾所蕴含的服务创新空间；移动互联网的支持。

许多优秀的理财顾问在客户维系和客户服务的过程中，已经挖掘或部分挖掘出客户潜在的其他理财需求，但囿于自己所在机构的行业监管措施和业务资格，仅依靠本机构自身（或者包含代理）的产品或者服务，无法很好适配客户的理财需求。如果自己私下找来一些对口的产品并向客户进行推荐，又有可能触碰“飞单”业务红线。而混业协作模式可能为解决理财顾问这一业务尴尬处境提供一些思路。

综上所述，展业助手和混业协作，都蕴含着金融科技领域一些业务创新的机会。这方面的产品和服务，都可以为理财顾问群体提供很好的业务助力，协助理财顾问在知识经济、共享经济的大潮中直面竞争，续写辉煌。